FoodChéri.
ALTERFOODISTS

Photographies de Fabien Breuil

Et si on mangeait mieux demain ?

60 classiques revisités
pour gourmand·es engagé·es.
Exemple : vous.

MARABOUT

Bon pour moi, bon pour la planète !

Mangez-vous pour prendre soin de vous et de la planète à chaque repas ?
Pas forcément. Bonne nouvelle : ce livre va pouvoir vous aider.

L'alimentation produit l'énergie de votre corps. Certes, il peut avancer avec une essence de mauvaise qualité mais son moteur fonctionnera encore mieux avec du carburant premium : une alimentation variée, riche en bons nutriments.

En vous orientant vers des aliments bons pour votre santé, vous augmentez vos chances de cuisiner plus durablement. Notre alimentation représente 25 % de notre empreinte environnementale[1]. L'avenir de la planète se joue en partie dans l'assiette. Choisir ce que vous mangez aujourd'hui et demain vous confère un super-pouvoir : celui de devenir un·e acteur·rice du changement.

Découvrez dans ce livre notre vision de la cuisine du futur, des recettes bonnes pour vous, bonnes pour la planète, et bonnes tout court. Attention : elles risqueraient bien de révolutionner votre quotidien.

Un premier pas engagé pour vous faire du bien tout en vous faisant plaisir et cuisiner durablement, sans prise de tête (surtout).

Alterfoodistement vôtre,
L'équipe FoodChéri.

[1] Source : ADEME (Agence de l'environnement et de la maîtrise de l'énergie).

Sommaire

MODE D'EMPLOI DES RECETTES

Nombre de personnes	Durée de la recette	Niveau de difficulté	Saisonnalité des recettes
4	15 min		P E A H

En théorie :

comment se préparer aujourd'hui
à l'alimentation de demain ?

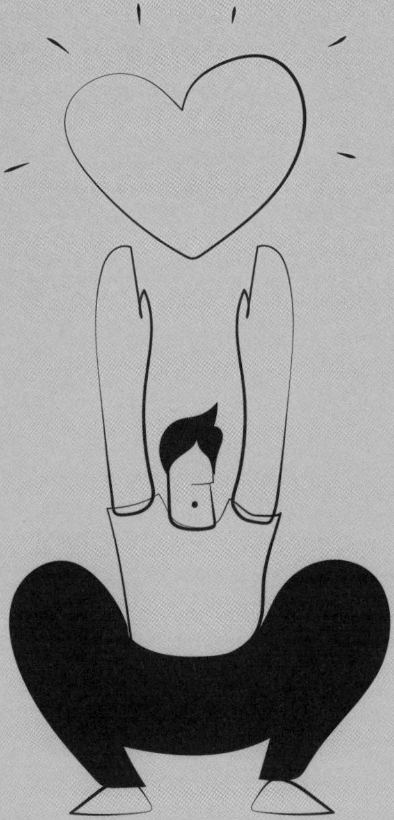

À quoi ressemblera l'alimentation de demain ?

Quand vous pensez à l'alimentation du futur, vous voyez peut-être des savants fous, des décors aseptisés, des tubes à essai et des aliments lyophilisés ? Quelle imagination ! Pourtant, celle-ci n'a rien de compliqué, elle est :

Végétale

Les aliments d'origine végétale contiennent naturellement **tous les nutriments nécessaires pour être en bonne santé**, sans créer aucune carence s'ils sont bien associés. Une alimentation végétale est également meilleure pour la planète. Un repas végétarien génère en moyenne **4 fois moins de CO_2** qu'un repas classique[2]. Vous souhaitez sauter le pas ? Privilégiez pour commencer des repas végétariens le soir. Ils favoriseront aussi votre digestion et un bon endormissement.

Non transformée

On appelle « produits ultratransformés » les aliments chimiquement ou mécaniquement modifiés. Les industriels de l'agroalimentaire ajoutent régulièrement du sel, du sucre et une grande variété d'additifs aux matières premières pour augmenter leur texture, leur goût ou encore leur durée de conservation. Ils recourent égalemment à des techniques comme l'extrusion ou la stérilisation UHT. **Les aliments perdent ainsi leurs qualités nutritionnelles et deviennent moins bons pour la santé**. Biscuits, pizzas surgelées, friandises, céréales pour le petit déjeuner... on retrouve ces produits dans la plupart des supermarchés.

Dans le futur, ce que l'on mange est **cuisiné maison à partir d'ingrédients bruts et frais**. Parce que c'est meilleur pour la santé (moins de risques d'obésité, de diabète et de maladies cardiovasculaires), c'est sans mauvaise surprise (pas de mots imprononçables sur des étiquettes à rallonge), et c'est bon pour la planète (moins de suremballage, ou d'ingrédients comme l'huile de palme, dont l'utilisation abusive contribue à la déforestation).

[2] Source : ADEME (Agence de l'environnement et de la maîtrise de l'énergie).
[3] Source : Base de données Agribalyse.

Créative

Environ 21 000 variétés de légumes sont inscrites au catalogue européen. Ça ne laisse pas le temps de s'ennuyer ! Plus sérieusement, **les sources de l'alimentation du futur sont inépuisables**. Informez-vous, inventez, remettez en question vos habitudes, avec pour seul objectif : manger mieux. Privilégiez par exemple les poissons de la pêche durable, remplacez la viande rouge par des protéines végétales, testez de nouveaux produits. Revisitez également la tradition en dépoussiérant des variétés de céréales anciennes, de fruits ou de légumes oubliés, pour découvrir des saveurs, refuser les produits standardisés et protéger la biodiversité. Bref, laissez libre cours à votre créativité !

Engagée

Il y a des questions évidentes que vous vous êtes sûrement déjà posées : « *Qu'y a-t-il vraiment dans ces bâtonnets de crabe orange fluo ? Pourquoi les nuggets ont-ils toujours la même forme ?* » Et celles qu'on ne se pose pas systématiquement : « *Dans quelle zone a été pêché ce cabillaud ? Combien de litres d'eau a demandé la culture de cet avocat ? À quoi ressemble la vie de la poule qui a pondu cet œuf ?* » Que ce soit pour des raisons sanitaires, nutritionnelles ou écologiques, nous accordons de plus en plus d'attention au contenu de notre assiette. Aujourd'hui, des outils nous aident à répondre à ces questions (voir pages 12 et 13), jusque dans notre téléphone où des applications nous permettent d'en savoir plus sur des ingrédients par le simple scan d'une étiquette.

Message de Jean-Ours, de Paris
« Ok sur le papier, mais une vie sans rumsteak, c'est compliqué… »

Pas de panique Jean-Ours, à chacun son niveau d'engagement et à chacun ses parents qui ont choisi un prénom dur à porter. Si vous ne pouvez pas vous passer de la viande pour l'instant, commencez par en manger moins et la consommer mieux. Par exemple, privilégiez le poulet au bœuf : les émissions liées aux élevages de volaille sont 10 fois plus faibles[3] *que celles des élevages bovins. Si vraiment ce rumsteak vous fait envie, réservez une viande française de qualité (bio, labellisée) à des occasions exceptionnelles, que vous serez libre de choisir. Par exemple, le repas au cours duquel vous accorderez enfin votre pardon à papa et maman.*

Les 4 bons réflexes

Devenir végétocentristes

Ce mot désigne les personnes qui placent **les légumes au centre de la conception de leur repas**. Est-ce que nous venons d'inventer ce terme ? Absolument. Culturellement, nous construisons un plat autour d'une protéine animale, souvent par habitude et par éducation, parfois pour une bonne raison : une trouvaille chez le boucher ou la pêche du jour chez le poissonnier. Et si on inversait la tendance ? Donnez son heure de gloire à ce kilo de courgettes déniché sur l'étal du marché un dimanche d'été. En d'autres termes : apprenons à construire un plat autour d'un légume de saison appétissant.

Dans la vraie vie : *je ne dis plus : « Bon, qu'est-ce qu'on mange avec ce rôti ? » mais plutôt : « Tiens, qu'est-ce qu'on sert avec les courgettes puisque je suis végétocentriste et que ce mot n'a pas du tout été inventé ? ».*

Décrypter une étiquette

1 - Dégainez votre loupe ou vos plus belles lunettes. Pratique ! Lire une liste d'ingrédients peut parfois remplacer une visite chez l'ophtalmo.
2 - Plus la liste est courte, mieux c'est : 4 ou 5 ingrédients maximum.
3 - Un ingrédient commence par un E ? C'est un additif, passez votre chemin.
4 - Les ingrédients sont classés en ordre décroissant selon leur poids dans le produit. Si le premier s'appelle « sel» ou « sucre », ce n'est pas une bonne nouvelle.
5 - Méfiez-vous du marketing et des fameux « *allégé en sucre* », « *source de magnésium* », « *sans sucre ajouté* » : un ingrédient non transformé n'a pas besoin qu'on lui ajoute ou qu'on lui enlève quelque chose.

Dans la vraie vie : *dans le rayon du supermarché, j'ai un coup de foudre pour un paquet de gâteaux. Le premier ingrédient de la liste sur l'étiquette est « sucre ». Je décide :*
<u>Réponse A</u> : *de pleurer puis de lui dire : « Je te quitte, c'est pas toi, c'est moi ».*
<u>Réponse B</u> : *d'officialiser notre relation à l'aide d'un faire-part de mariage.*

3 Miser sur la simplicité

La cuisine maison, ça prend du temps. Mais heureusement, miser sur la simplicité ça coûte moins cher, c'est plus rapide, et c'est tout aussi bon.

Dans la vraie vie : *je ne dis plus « Œuf parfait et son coulis de tomates et de feuilles d'épinard rôties délicatement parfumées au cumin pendant 4 heures », je dis « Œuf au plat à la tomate et aux épinards préparé en 2 minutes ». Et peu importe, dans les deux cas c'est délicieux !*

4 Rester curieux·se et ouvert·e, sans perdre son esprit critique

Tous les indicateurs sont au vert sur l'étiquette mais vous ne connaissez pas cet ingrédient ? **Goûtez, c'est comme ça qu'on fait les meilleures découvertes**. Dans l'alimentation, on n'arrête jamais la course folle aux innovations, sans perdre conscience des richesses inexploitées des aliments plus traditionnels. Défrichez le terrain dans ce livre et découvrez des ingrédients insolites. Au menu : farine de lupin, psyllium, huile de CBD et même des insectes pour celleux qui n'ont pas froid aux yeux.

Dans la vraie vie : *à la page 112 de ce livre épatant, je tombe sur la recette d'un burger aux insectes. Quelle est ma réaction ?*

Réponse A : Oui ! C'est riche en protéines et j'avais justement besoin de prouver mon côté aventurier à la fête des voisins.

Réponse B : Non ! Mon meilleur ami est un insecte et je refuse de briser notre amitié pour un burger.

Les scores

Le Nutri-Score

ÇA MARCHE COMMENT ?
Le Nutri-Score a été développé par des scientifiques, médecins et nutritionnistes internationaux. Il est composé de 5 lettres et 5 couleurs allant du A au E, du vert foncé au rouge, de la recette la plus favorable à la moins favorable sur le plan nutritionnel.

LA MÉTHODE DE CALCUL
Pour 100 g de produit :

Nutriments à favoriser (fibres, protéines) + **Aliments à favoriser** (fruits, légumes) + **Nutriments à limiter** (énergie, acides gras saturés, sucres, sel)

= Score synthétisé par une lettre allant de A à E et une couleur.

POUR LA PETITE HISTOIRE
Dans le cadre de la loi de Santé de 2016, le gouvernement français a recommandé la mise en place d'une information nutritionnelle claire, visible, et facile à comprendre pour tous. **L'objectif : améliorer l'information nutritionnelle figurant sur les produits et aider les consommateur·rice·s à acheter des aliments meilleurs pour leur santé.**

Retrouvez ces 2 scores sur toutes les recettes de ce livre afin d'évaluer leur impact sur votre santé et sur l'environnement.

A ECO SCORE

L'Eco-Score

ÇA MARCHE COMMENT ?
L'Eco-Score classe de A (faible) à E (important) les produits alimentaires et les recettes selon leur impact environnemental. Son objectif est d'informer les consommateur·rice·s sur l'impact de leurs choix alimentaires, afin de les guider vers une consommation plus responsable. Il peut être appliqué aux produits alimentaires agro-industriels ainsi qu'aux plats préparés.

LA MÉTHODE DE CALCUL

Production + **Transformation** + **Saisonnalité** + **Provenance des ingrédients** + **Emballage** + **Transport** + **Livraison**

= Score sur 100 points, synthétisé par une lettre allant de A à E et une couleur.

POUR LA PETITE HISTOIRE
À l'initiative de la création de l'Eco-Score : un collectif d'une dizaine d'acteur·rice·s de l'alimentation réuni·e·s autour de ECO2 Initiative, un cabinet de conseil et d'études pour la transition environnementale. Parmi elleux : FoodChéri devient le premier restaurateur à afficher l'Eco-Score sur ses plats en janvier 2021. L'avenir nous dira la suite pour cet outil prometteur, un jour le Nutri-Score de l'environnement ?

Les idées reçues

"Mieux manger pour la santé, c'est forcément sacrifier le plaisir."

Non, c'est varier les plaisirs, apprendre à le créer là où il n'existait pas avant et ne jamais oublier pourquoi on mange : pour vivre, certes, mais surtout pour vivre mieux et plus longtemps.

"L'alimentation végétale est ennuyeuse, c'est toujours la même chose..."

Vous manquez d'inspiration ? Heureusement, la cuisine végétale s'est beaucoup démocratisée ces dernières années. Résultat : des milliers de nouvelles recettes à découvrir partout et particulièrement dans ce livre bien sûr.

"La viande pollue énormément, peu importe laquelle."

Faux ! Au sujet de leur impact environnemental, toutes les viandes ne sont pas égales. Par exemple, le bœuf fait partie de celles qui génèrent l'impact moyen le plus important : 38 kg de CO_2 par kilo. En comparaison, le porc en génère 5,7 et le poulet seulement 4[4] !

"Bien manger, ça coûte plus cher."

Pas forcément. Une étude basée sur un supermarché expérimental en ligne a mis en évidence que, si le Nutri-Score permet au consommateur·rice d'améliorer la qualité nutritionnelle de son panier d'achat, il n'augmente en rien son prix moyen[5].

"L'alimentation végétale, ça crée des carences."

On craint souvent les carences en protéines ou en fer dans l'alimentation végétarienne ou végétale. Or de nombreux produits végétaux sont riches en protéines, comme les légumineuses, les céréales complètes, le tofu ou encore les oléagineux. En combinant des sources variées de protéines végétales, pas de carences ! L'idéal pour assurer un apport complet : associer les céréales et légumineuses au cours d'un même repas ou d'une même journée. Par exemple, du riz et des lentilles, de la semoule et des pois chiches.

[4] Source : Base de données Agribalyse.
[5] Source : https://www.mangerbouger.fr/Manger-mieux/Comment-manger-mieux/Comment-comprendre-les-informations-nutritionnelles/Qu-est-ce-que-le-Nutri-Score.

Le placard...

Devenez la Marie Kondo de vos placards de cuisine : ils doivent être bien rangés et jamais remplis à craquer pour éviter le gaspillage. De plus, on ne cuisine jamais aussi bien que sous la contrainte, pas vrai ?

1 - Huile d'olive
2 - Vinaigre de cidre
3 et 4 - Pâtes Panzanouille® et complètes
5 - Pâtes de lentilles
6 - Bocal de pois chiches, haricots
7 - Bouillon de légumes cuits

Le coin des épices et condiments :
8 - Curry
9 - Cumin
10 - Piment
11 et 12 - Sel et poivre
13 - Sauce soja ou tamari
14 - Ail, oignon et échalote
15 - Pommes et bananes
16 -Tomates concassées ou sauce tomate
17 - Purée d'oléagineux
18 - Graines : amandes, noix, sésame...
19 - Chocolat (noir)
20 - Pâte à tartiner
21 - Biscuits Speculoose®
22 - Sardines, anchois et maquereaux
23 - Œufs des poules de votre jardin
24 - Pot de miel
25 - Sucre blond de canne
26 - Sucre complet ou sucre de coco
27 - Farine de blé ancien issu de semence paysanne

Le recoin du futur :
28 - Petit bocal d'insectes séchés
29 - Fleurs de CBD à infuser (*tisane*)
30 - Repas en poudre
31 - Graines de chanvre
32 - Algues
33 - Café aux champignons
34 - Bocaux de légumes lactofermentés

et le réfrigérateur du futur.

Ici aussi, on veille au gaspillage : le plus périssable devant !

Le congélateur idéal :
1 - Épinards bio
2 - Crevettes bio labellisées
3 - Myrtilles et cassis bio
4 - Glace Bob & Jerry's®
5 - Pâte feuilletée maison
6 - Pizza
7 - Glace artisanale au lait fermier et aux fruits.

Le frigo idéal :
1 - Beurre de baratte
2 - Ghee
3 - Huile de lin / noix / cameline (*au frigo*)
4 - Parmesan
5 - Skyr (*yaourt islandais riche en protéines et faible en matière grasse*)
6 - Crème crue épaisse 30 % de MG
7 - Préparation culinaire à base de soja
8 - Camembert fermier AOP (*pour le plaisir de l'odeur*)
9 - « Fauxmage » à la noix de cajou
10 - Lait frais pasteurisé ou microfiltré
11 - Boisson d'amande
12 - Truite issue d'un élevage français bio
13 - Filet de merlan, un poisson de pêche côtière, moins cher et pas surexploité
14 - Jambon blanc sans sels nitrités
15 - Tofu ou Tempeh
16 - Viande labellisée "très très bien élevée" provenant d'une ferme en agroécologie
17 - Pommes de terre et patates douces
18 - Brocolis
19 - Citrons jaunes
20 - Bouquet de persil
21 - Moutarde à partir de graines cultivées en France
22 - Cornichons français.

Le recoin du futur :
23 - Aiguillettes végétales
24 - Viande cellulaire
25 - Saumon végétal
26 - Lentilles d'eau
27 - Mayonnaise végétale à base d'algues
28 - Salade issue d'une ferme en aquaponie
29 - Champignons issus d'une ferme urbaine (*le parking en bas de chez vous*)
30 - Carottes cultivées en permaculture
31 - Faux œufs pour la pâtisserie.

Les courses, en mieux !

D'OÙ ÇA VIENT ?

COMMENT C'EST FABRIQUÉ ?

QUI L'A FABRIQUÉ ?

QU'EST-CE QU'IL Y A DEDANS ?

VOICI 4 QUESTIONS TOUTES SIMPLES À SE POSER AVANT D'ACHETER UN PRODUIT

- **Consommez en priorité ce que vous offre votre région**.
- **Simplifiez-vous la vie :** identifiez le plus adapté à votre budget, vos préférences et votre situation géographique.
- **Ne devenez pas un.e psychorigide des courses** : oui, vous avez le droit de craquer de temps en temps pour un cordon bleu industriel ou sur un paquet de gâteaux (d'ailleurs, il est déjà dans le placard page 16).

COMMENT TROUVER LES INGRÉDIENTS INSOLITES DE CE LIVRE ?

- **Insectes** : en ligne, à choisir élevés en France et bio.
- **Huile de CBD** : en ligne, privilégiez une huile issue d'un chanvre français et bio, et optez pour un dosage entre 6 % et 10 %.
- **Aiguillettes végétales** : au supermarché et en magasins bio, privilégiez les listes d'ingrédients courtes !
- **Konjac** : au supermarché et en magasins bio.
- **Œufs végétaux** : en ligne, regardez bien la liste des ingrédients !

LES PRODUCTEUR·RICE·S

- **Au marché** : comment reconnaître leurs produits ?
  - Des légumes de saison non calibrés
  - Un stock limité
  - Origine, culture : n'hésitez pas à poser vos questions !
- Sur des **sites de vente en ligne** de petits **producteur·rice·s**
- Dans les **AMAP**
- Directement dans les **fermes**

LA PANOPLIE POUR FAIRE LES COURSES

- Caddie
- Sacs à vrac
- Sac à pain
- Bocaux en verre

Les légumineuses

Santé

- **Protéines végétales**, intéressantes pour une alternative à la viande !
- **Fibres**, pour faciliter le transit intestinal.
- **Indice glycémique bas** : elles augmentent peu le taux de sucre dans le sang.
- **Minéraux** : magnésium, potassium, calcium.

Lentilles vertes

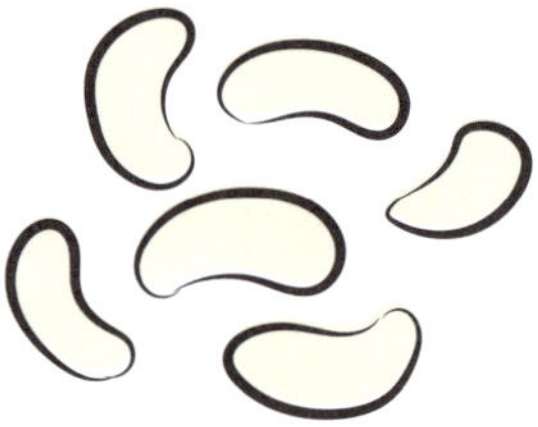

Haricots blancs

Lentilles

Haricots coco

Environnement

Les légumineuses s'adaptent à un large panel de sols et de climats. Elles partagent aussi un **super-pouvoir** : leurs racines présentent des petits renflements appelés nodosités. Elles hébergent des bactéries qui permettent de fixer l'azote atmosphérique dans le sol.

Haricots noirs

Dégustation

Un peu oubliées, les légumineuses sont pourtant intéressantes en cuisine, dans **les recettes les plus traditionnelles** (que serait le cassoulet sans haricots blancs ?) comme **les plus exotiques**. Au palmarès : le chili sin carne, l'houmous, la purée de pois cassés, la tartinade de fèves, la soupe de lentilles corail au lait de coco… De quoi vous mettre l'eau à la bouche !

Lentilles corail

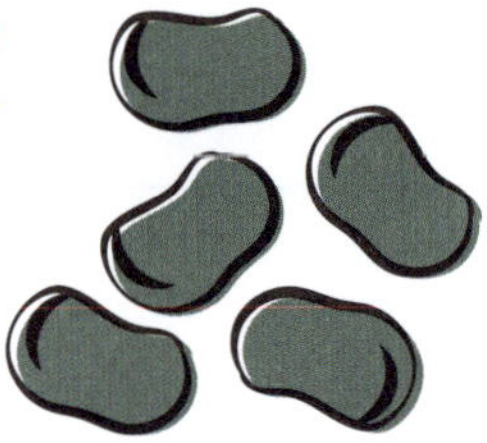

Fèves

Pois cassés

Pois chiches

+ "C'est trop mignon"

Les pois chiches poussent dans de petites cosses comme ceci, et effectivement, **c'est trop mignon**.

Les céréales

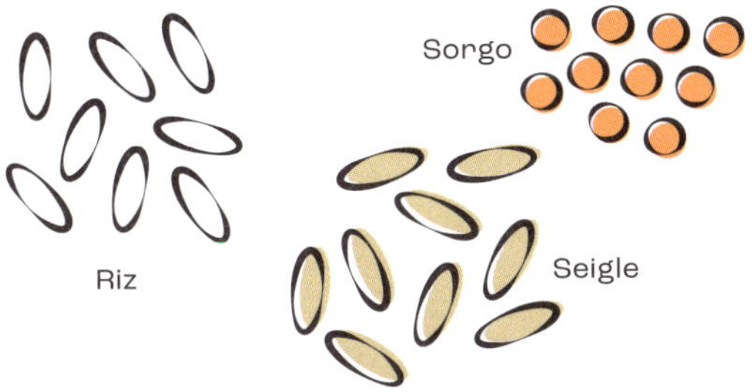

Santé

- **Glucides complexes** : privilégiez les céréales semi-complètes ou complètes.
- **Fibres**
- **Protéines**

Environnement

- Le blé et le riz font l'objet de grandes monocultures, **privilégiez-les bio**.
- Certaines céréales sont très rustiques et ne nécessitent **pas d'engrais**, comme le sarrasin.

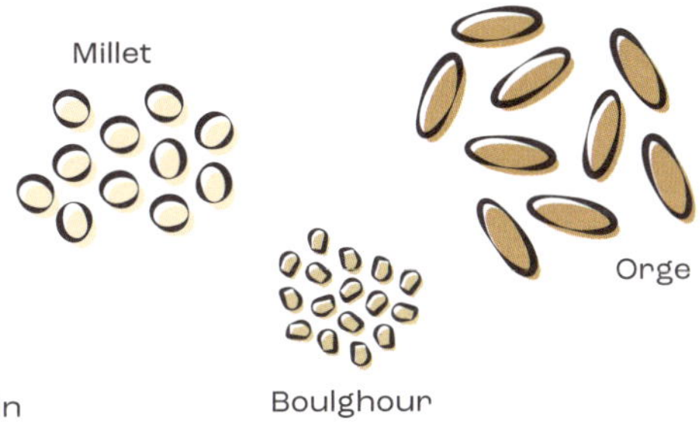

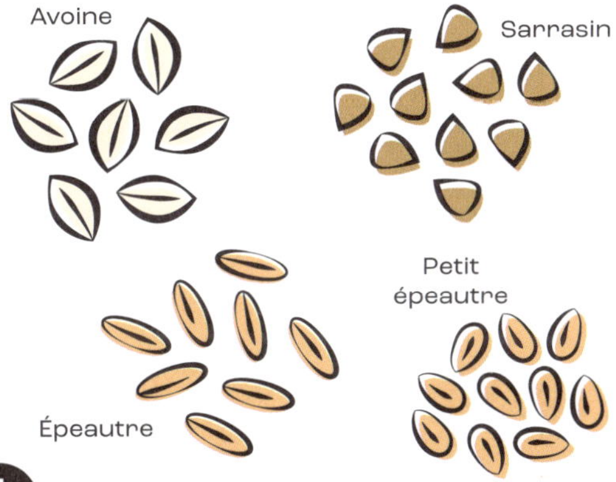

Dégustation

- **Bien rincer le riz avant usage**, pour éliminer la poussière et la présence de métaux lourds liés à sa culture.
- **Associer les céréales avec des légumineuses** pour avoir les protéines indispensables.

"Encore un peu de blé avec votre brochette de mammouth ?"

C'est par le blé qu'a commencé l'agriculture au début de la période néolithique, vers - 8500, dans le Croissant fertile (région du Moyen-Orient). En revanche, on a trouvé dans une grotte des traces de sorgo sauvage sur des grattoirs datant de -100 000 ans.

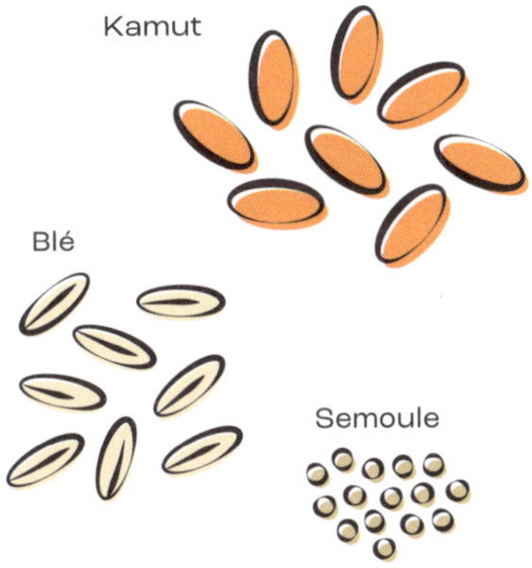

Les matières grasses

Santé

- **Oméga 3** pour les huiles végétales (colza, lin, noix, cameline), du gras de qualité dont notre corps à besoin et qu'il ne fabrique pas.
- **Oméga 6** à limiter : ceux de la crème, du beurre et de certaines huiles comme l'huile de tournesol.
- **Oméga 9** pour l'huile d'olive, en prévention du diabète et des maladies cardiovasculaires.

Environnement

Beaucoup d'huiles sont **produites en France**, elles sont donc faciles à trouver et c'est encore mieux si elles sont bio.

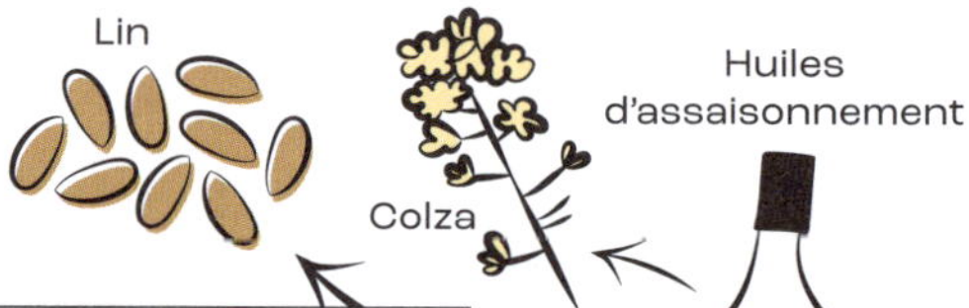

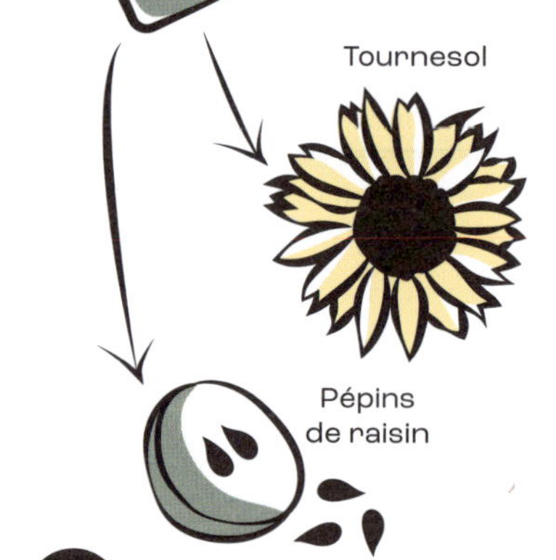

Dégustation

- Le ghee ne brûle pas à la cuisson.
- **Variez animales et végétales** (pour ne pas consommer trop d'acides gras saturés).
- Choisissez une huile « **première pression à froid** » qui garantit que les propriétés nutritionnelles ne sont pas détruites par la chaleur.

+ Au placard ou au réfrigérateur ?

Les huiles d'assaisonnement (cameline, colza ou noix), riches en oméga 3, sont à **conserver au frais** pour protéger leurs propriétés nutritionnelles. L'huile d'olive, en revanche, peut **rester au placard**, elle risquerait de se figer à cause du froid.

Les graines

Santé

- **Protéines végétales**
- **Fibres**
- **Nutriments** : magnésium, calcium, zinc

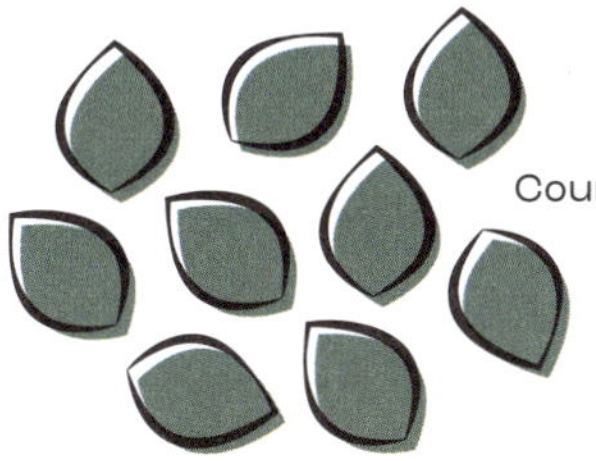

Courge

Chia

Lin

Sésame

Environnement

Chanvre, tournesol, courge, lin : ces plantes sont cultivées pour une multitude d'usages, alimentaires comme textiles.

Dégustation

- **Chanvre, courge, sésame, tournesol** : à parsemer sur vos plats !
- **Chia** : en pudding, ou yaourt avec des fruits et des oléagineux.
- **Pavot** : sur votre pain complet ou dans un délicieux cake au citron, pour le faire croustiller.

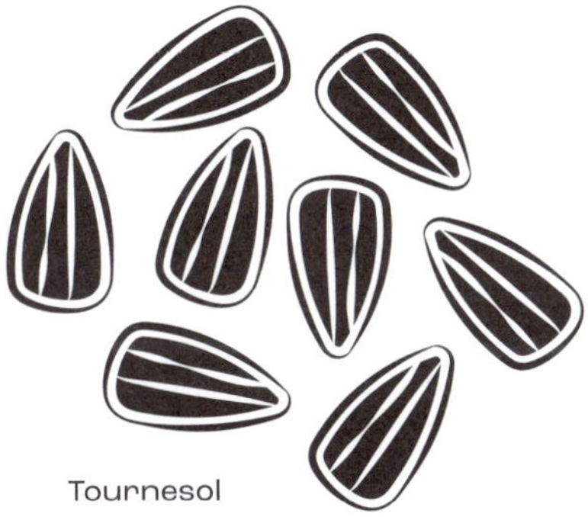

Tournesol

Cannabis pour les intimes

La graine de chanvre est issue du chanvre, aussi appelé *Cannabis sativa*, ou cannabis tout court pour les intimes. Mais rassurez-vous, les graines de chanvre ne vous feront aucun effet, elles ne contiennent pas de molécules psychotropes.

Chanvre

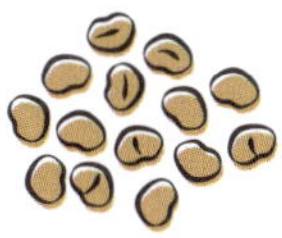

Pavot

Les produits laitiers

Fromages

Santé

- **Protéines**
- **Calcium**, essentiel à la bonne santé des os mais pas si simple à assimiler.
- Les produits laitiers ne sont **pas forcément « nos amis pour la vie »**. Ils sont riches en sel et en acides gras saturés. Ils doivent rester des aliments plaisir, à consommer avec modération.
- **Les substituts végétaux** sont intéressants, mais sont la plupart du temps ultratransformés, gardez un œil attentif aux étiquettes !

Fromage blanc

Dégustation

Variez les laits : vache, brebis, chèvre, ils vous apporteront des protéines de natures différentes. **Privilégiez les yaourts nature** (ou fermiers sur le marché, ou soyons fous : réalisés à la yaourtière par vos soins). Pimpez-les avec du miel, des confitures, ou encore des pépites de chocolat.

Environnement

L'impact des vaches laitières pèse sur la balance carbone, notamment à cause du méthane provenant de la rumination. **Privilégiez les fromages et produits laitiers de productions fermières**, qui compensent leurs impacts environnementaux par d'autres bénéfices.

Yaourt

Lait

Bien choisir son lait : cru, pasteurisé ou stérilisé ?

Le lait cru est celui qui sort du pis de la vache. Il est fort en goût et riche en nutriments, mais il ne peut être conservé que 2 à 3 jours au frais. On allonge sa durée de conservation grâce à la chaleur qui détruit les bactéries. Or **ces bactéries sont bénéfiques pour notre microbiote intestinal** !
Le lait pasteurisé est brièvement chauffé à 72 °C, il peut être conservé 10 jours environ. **Le lait stérilisé** est chauffé au-delà de 100 °C, ce qui dénature au passage ses propriétés nutritionnelles, il peut être conservé longtemps, même hors du réfrigérateur.

Notre conseil : si vous avez une vache sous la main, privilégiez le lait cru. Sinon, préférez les laits bio à pasteurisation douce, qui préserve ses qualités nutritionnelles !

Les viandes

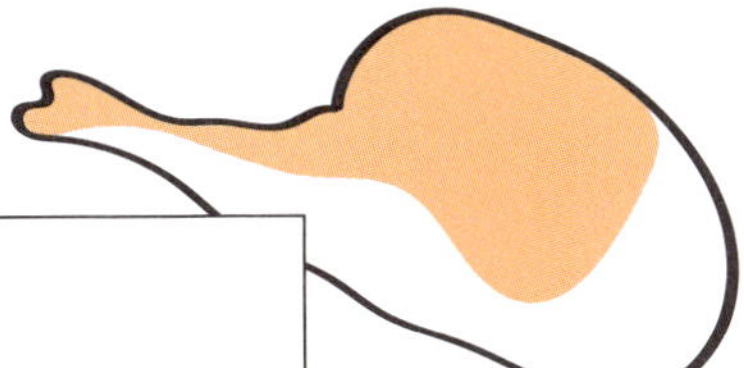

Agneau

Santé

Riches en protéines, mais aussi en **acides gras saturés**. Nous mangeons trop de viande, essayez de limiter votre consommation de protéines animales en variant avec les protéines végétales. **Privilégiez les viandes maigres**, notamment la volaille, moins grasse que la viande rouge. La charcuterie, riche en gras et en sel, est à éviter. Quand vous craquez, privilégiez une **production artisanale, sans sel nitrités**.

Poulet

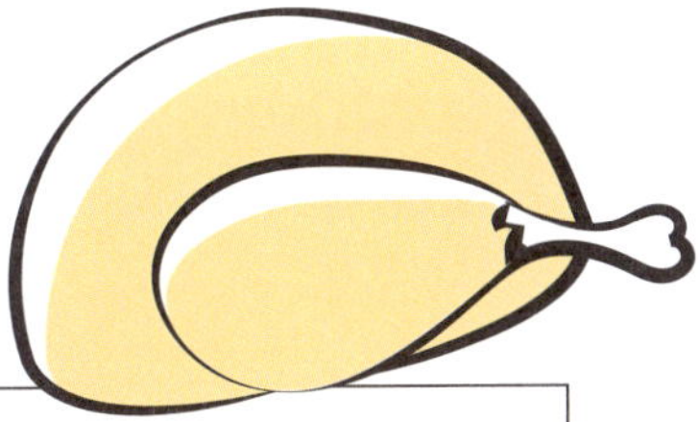

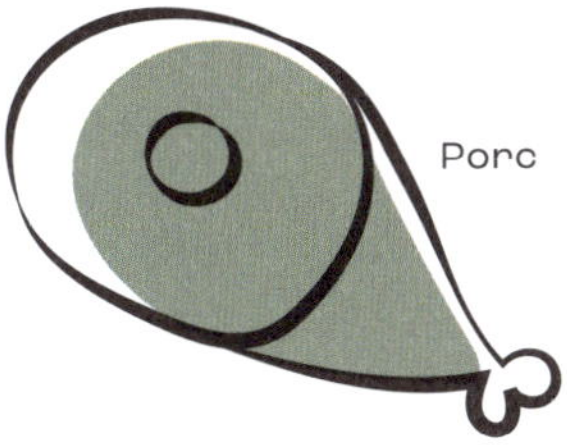

Porc

Environnement

Toutes les viandes n'ont pas le même impact environnemental. Le bœuf ou l'agneau sont celles dont la production est la plus émettrice de gaz à effet de serre, loin devant le porc, la dinde ou le poulet (la moins pire). **Privilégiez des viandes françaises, labellisées** (animaux mieux élevés, nourris avec des aliments qui n'entraînent pas de déforestation).

Bœuf

+ Le bœuf et l'environnement

Le sujet de la problématique environnementale liée au bœuf est complexe. **Oui, le bœuf pèse lourd pour l'environnement**. D'une part à cause de la rumination des animaux, qui génère des gaz à effet de serre ; d'autre part, à cause de l'élevage intensif, responsable de graves conséquences : **consommation en eau**, **déforestation**, **impacts sur la biodiversité**... Néanmoins, il faut reconnaître que les élevages extensifs sans sur-pâturage (modèle du bio et du Label Rouge) contribuent au maintien des prairies sur des zones non cultivables. Dans un monde idéal, le bœuf est consommé très occasionnellement, il a disparu des fast-foods et des cantines, et son niveau de production permet un système vertueux. Malheureusement, ce n'est pas demain la veille.

En pratique :

60 recettes bonnes pour la santé,
bonnes pour la planète, et bonnes tout court.

Guacamole de brocoly
(c'est plus joli qu'avec un « i »)

4 | 30 min | P E A H

500 g de brocoli
70 g de purée d'amandes
4 c. à s. d'huile d'olive
1 c. à s. d'huile de colza
Le jus de 1 citron
1 gousse d'ail épluchée
1 pincée de cumin moulu
5 branches de coriandre
Sel & poivre du moulin

1. Coupez les fleurettes du brocoli. Épluchez le pied pour en enlever la peau dure et détaillez-le en gros morceaux. Faites cuire le tout 20 minutes à la vapeur : le brocoli doit être bien tendre.

2. Mixez avec le reste des ingrédients. Selon la consistance, allongez avec 2 ou 3 cuillerées à soupe d'eau pour obtenir une texture crémeuse.
Salez et poivrez. Placez au frais.

3. Servez bien frais sur du pain grillé ou à l'apéritif avec des gressins ou des tortillas.

L'astuce gourmande !

Vous pouvez remplacer la purée d'amandes par d'autres purées d'oléagineux comme la purée de noix de cajou (qui a un impact écologique plus important) ou en remplacer une partie par de la purée de sésame (tahini) pour un goût plus marqué.

NUTRI-SCORE B

ECO SCORE B

Houmous de chou kale

4

10 min

E A H

50 g de chou kale
250 g de pois chiches en bocal (poids net égoutté)
25 g de pistaches mondées
4 c. à s. d'huile d'olive
1 citron vert
½ gousse d'ail épluchée
2 branches de basilic effeuillées
Sel & poivre du moulin

1. Retirez les côtes dures des feuilles de chou kale. Plongez les feuilles 30 secondes dans une casserole d'eau frémissante salée. Égouttez, refroidissez à l'eau froide et pressez bien pour retirer toute l'eau.

2. Rincez et égouttez les pois chiches.

3. Mixez tous les ingrédients et ajustez la consistance avec 200 à 300 ml d'eau pour obtenir une texture crémeuse. Assaisonnez de sel et de poivre. Placez au frais.

4. Servez sur du pain grillé ou avec des gressins à l'apéritif. Ce houmous peut agrémenter une salade composée ou rehausser une assiette de légumes grillés.

L'astuce santé !

Absent de nos étals pendant des décennies, le chou kale est revenu sur le devant de la scène depuis 2015, en provenance des États-Unis. Aujourd'hui, largement reconnu pour ses vertus santé – plus de vitamine C qu'une orange, plus de calcium qu'un verre de lait ! –, il est produit en France une bonne partie de l'année.

NUTRI-SCORE A B C D E

ECO SCORE A

Tartinade de haricots rouges

NUTRI-SCORE A B C D E

A ECO SCORE

4 | 5 min | P E A H

400 g de haricots rouges en bocal (poids net égoutté)
40 g de tahini
20 ml de jus de citron
15 ml d'huile d'olive
10 ml d'huile de colza
½ gousse d'ail épluchée
1 pincée de piment rouge moulu
Sel & poivre du moulin

1. Écrasez l'ail avec le côté plat d'un couteau de cuisine. Rincez et égouttez les haricots rouges.

2. Mixez l'ensemble des ingrédients. Servez bien frais.

L'astuce gourmande !

Afin d'obtenir une crème bien lisse, mixez dans un premier temps les haricots seuls jusqu'à obtenir une pâte assez homogène, ajoutez les autres ingrédients ensuite, et mixez de nouveau.

No avocado toast

4

15 min

P E

4 grandes tranches de pain complet ou aux graines
Tartinade
80 g de carottes
30 g de cream cheese ou autre fromage frais
1 c. à s. d'huile d'olive
½ gousse d'ail épluchée
1 c. à s. de jus de citron
1 pincée de cumin moulu
2 c. à s. d'eau
1 pincée de piment de Cayenne
1 oignon nouveau
2 branches de coriandre
Sel & poivre du moulin
Garniture
½ botte de radis roses
60 g de feta
1 c. à s. de graines de sésame blond (complet c'est encore mieux)
6 branches de coriandre
Huile d'olive

1. Épluchez les carottes, coupez-les en rondelles d'environ 1 cm et plongez-les dans une casserole d'eau bouillante pendant 10 minutes. Passez-les sous l'eau froide et égouttez-les. Mixez les carottes avec le reste des ingrédients de la tartinade. Assaisonnez de sel et de poivre.

2. Lavez et séchez les radis, équeutez-les et coupez-les en très fines rondelles. Effeuillez la coriandre.

3. Étalez généreusement la tartinade sur les tranches de pain grillées. Disposez sur chaque tranche des rondelles de radis, émiettez grossièrement la feta et parsemez de coriandre et de graines de sésame. Un tour de moulin à poivre, quelques gouttes d'huile d'olive, et le tour est joué !

NUTRI-SCORE A B C D E

A ECO SCORE

L'astuce écolo !

L'avocado toast est le produit star des réseaux sociaux et de nos brunchs, mais son impact environnemental est désastreux : la culture de 1 kg d'avocats nécessite plus de 1 000 litres d'eau, il a le plus souvent voyagé depuis l'Amérique du Sud et a été produit dans des conditions sociales déplorables. Il existe pourtant quelques filières vertueuses depuis l'Espagne, le Maroc et même la Corse, mais ce ne sont pas les avocats issus de ces filières que vous trouverez le plus souvent dans vos magasins, ni dans les assiettes des restaurants.

Gaspachiche

4 · 10 min

350 g de pois chiches en bocal (poids net égoutté)
250 g de tomates concassées en conserve
½ gousse d'ail épluchée
50 g de yaourt à la grecque
4 c. à s. d'huile d'olive
1 pincée de piment d'Espelette
2 pincées d'origan séché
300 ml d'eau
4 branches de basilic
Le jus de ½ citron
Sel & poivre du moulin

1. Rincez et égouttez les pois chiches.

2. Mixez finement tous les ingrédients pour obtenir une consistance bien lisse. Rectifiez l'assaisonnement et donnez un bon tour de moulin à poivre. Vous pouvez aussi ajuster la consistance en ajoutant un peu d'eau.

3. Servez bien frais.

4. N'oubliez pas de placer dans la conversation « C'est moi qui l'ai fait ».

L'astuce santé !

Voici une soupe froide boostée en protéines, en fer et en fibres. Le pois chiche est un super allié de votre cuisine qui ne sert pas que pour faire des houmous. Sa consistance et son goût tout doux s'adaptent à bien des recettes, pas uniquement orientales.

Ceviche veggie

4 | 1 h 20 | E

250 g de mangue fraîche entière (ou 200 g surgelée)
½ petit chou-fleur
140 g de courgettes
¼ de poivron rouge
¼ d'oignon rouge
3 c. à s. d'huile d'olive
Le jus de 3 citrons verts (50 ml de jus environ)
Le zeste de 1 citron vert
1 pincée de piment rouge fort
1 cm de gingembre frais
6 branches de coriandre
Sel & poivre du moulin

1. Si la mangue est fraîche, épluchez-la et coupez-la en dés de 2 cm de côté. Si elle est en cubes surgelés, laissez-la décongeler et recoupez les cubes s'ils sont trop gros.

2. Détaillez le chou-fleur en tout petits morceaux. Taillez la courgette et la chair du poivron en dés de 0,5 cm de côté. Ciselez l'oignon rouge finement. Effeuillez et ciselez la coriandre. Hachez finement le gingembre.

3. Mélangez tous les ingrédients, salez et poivrez. Placez au moins 1 heure au frais pour faire mariner l'ensemble.

4. Servez bien frais.

L'astuce santé !

Les crudités jouent un rôle important dans notre alimentation. Consommer les légumes crus permet de profiter pleinement de leur richesse en vitamines et en minéraux. Toutefois, ils peuvent provoquer des douleurs intestinales chez certaines personnes sensibles.

NUTRI-SCORE A B C D E

A ECO SCORE

Gaspacho de carottes au lait d'amande

4 | 25 min | P E A H

350 g de carottes + leur eau de cuisson
4 c. à s. d'huile d'olive
350 ml de lait d'amande
Le jus et le zeste de 1 citron vert
Sel & poivre du moulin

1. Taillez les carottes en rondelles de 1 cm environ et plongez-les dans une casserole d'eau bouillante salée pendant 15 minutes. Elles doivent être bien tendres. Égouttez-les en gardant l'eau de cuisson.

2. Mixez les carottes avec un peu d'eau de cuisson, le lait d'amande et l'huile d'olive afin d'obtenir une texture bien fine. Ajustez la consistance avec un peu d'eau de cuisson si nécessaire. Ajoutez le jus et le zeste de citron vert et rectifiez l'assaisonnement.

3. Servez bien frais avec un tour de moulin à poivre.

4. Admirez votre œuvre.

L'astuce gourmande !

La carotte est un des légumes les moins chers et les plus faciles à trouver.
Si vous la prenez bio, même plus besoin de l'éplucher, il vous suffit juste de bien la laver.

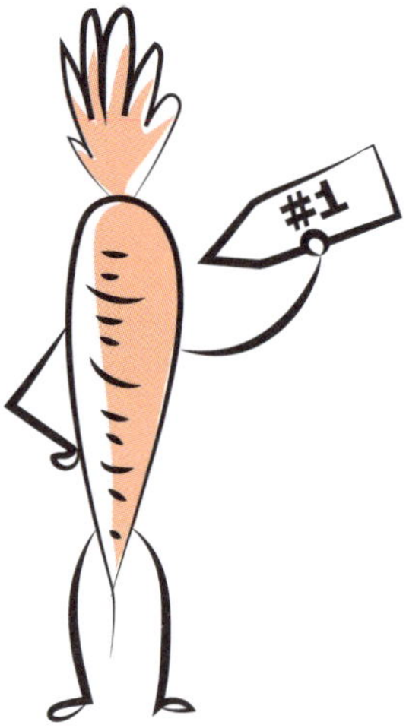

NUTRI-SCORE A B C D E

A ECO SCORE

Taboulé de chou-fleur, cranberries-noisettes

4 — 10 min — P E A H

¼ de chou-fleur
½ tête de brocoli
1 oignon nouveau en saison ou ¼ d'oignon rouge
8 feuilles de menthe
2 branches de persil
20 g de noisettes décortiquées
20 g de cranberries séchées
40 ml de jus de citron
10 ml d'huile d'olive
10 ml d'huile de noisette
Sel & poivre du moulin

1. Détaillez le chou-fleur et le brocoli en tout petits morceaux. Passez-les au mixeur jusqu'à obtenir une consistance de semoule.

2. Ciselez l'oignon nouveau, la menthe et le persil. Concassez grossièrement les noisettes.

3. Mélangez la semoule de chou-fleur et brocoli avec l'oignon, les herbes, les noisettes, les cranberries, le jus de citron et les huiles. Salez et poivrez.

4. Servez à vos invités.

5. Récoltez les compliments (mais ne prenez pas la grosse tête s'il vous plaît).

L'astuce écolo !

Selon les régions françaises, les disponibilités du chou-fleur et du brocoli peuvent varier, mais bonne nouvelle : toutes régions confondues, on les trouve quasiment toute l'année !

NUTRI-SCORE A B C D E

A ECO SCORE

Moelleux vegan & légumes sautés

4 · 55 min · P E A H

Moelleux
1 petite carotte
1 blanc de poireau
½ oignon jaune ou 1 oignon cébette
2 c. à s. d'huile d'olive
130 g de tofu soyeux
6 g de Maïzena®
50 g de farine de pois chiches
200 ml d'eau
1 branche de menthe
Quelques brins de ciboulette

Légumes au gingembre
650 g de brocoli
500 g de carottes
500 g d'oignons jaunes
1 gousse d'ail épluchée
10 g de gingembre frais
3 c. à s. d'huile d'olive
20 ml de sauce tamari
10 g de miel
Quelques brins de ciboulette pour servir
Sel & poivre du moulin

1. Préchauffez le four à 170 °C. Pour le moelleux, taillez la carotte en petits dés, émincez très finement le poireau et l'oignon. Effeuillez et ciselez les herbes. Faites chauffer l'huile d'olive dans une poêle sur feu moyen et faites suer les légumes jusqu'à ce qu'ils soient tendres. Mixez le tofu, la Maïzena®, la farine de pois chiches et l'eau, mélangez aux légumes cuits refroidis et aux herbes. Versez dans un moule à cake préalablement graissé et enfournez 40 minutes.

2. Détaillez le brocoli en tout petits morceaux, épluchez la partie haute du pied et émincez-le finement. Faites bouillir une casserole d'eau salée, plongez les morceaux de brocoli 2 minutes. Égouttez-les puis rincez-les sous l'eau froide pour arrêter la cuisson.

3. Taillez les carottes en tagliatelles à l'aide d'un économe, émincez les oignons. Hachez l'ail et le gingembre. Faites chauffer 2 cuillerées à soupe d'huile dans une grande poêle sur feu moyen et faites cuire les carottes et les oignons environ 10 minutes jusqu'à ce qu'ils soient tendres. Réservez au chaud.

4. Dans la même poêle, versez 1 cuillerée à soupe d'huile sur feu moyen et faites suer l'ail et le gingembre hachés 3 minutes. Ajoutez la sauce tamari, le miel, mélangez et stoppez la cuisson. Réchauffez rapidement le brocoli dans cette sauce et ajoutez les carottes aux oignons.

5. Découpez le moelleux cuit en plusieurs parts. Servez avec les légumes au gingembre, parsemés de ciboulette grossièrement émincée.

NUTRI-SCORE A B C D E

A ECO SCORE

L'astuce écolo !

On trouve des herbes aromatiques toute l'année désormais. Or elles ne poussent en France en pleine terre que de mai à octobre approximativement. Le reste de l'année, elles poussent sous serre chauffée ou sont importées du Maroc ou d'Israël. Les herbes aromatiques surgelées d'origine française et bio sont une bonne alternative hors saison.

Salade César sans poulet, mais avec amour

4

30 min

P E A H

Salade
120 g de parmesan
1 petite botte de ciboulette
8 œufs
1 salade romaine
Sel & poivre du moulin
Sauce César
1 œuf
200 ml de lait
150 g de yaourt à la grecque
20 g de filets d'anchois à l'huile
1 c. à s. de sauce Worcestershire
3 c. à s. de moutarde de Dijon
Le jus de ½ citron
1 pincée de piment d'Espelette
4 c. à s. d'huile d'olive
Croûtons
150 g de pain de mie ou de campagne
5 c. à s. d'huile d'olive
1 c. à c. d'origan séché

1. Préchauffez le four à 180 °C. Pour les croûtons, coupez le pain en cubes. Arrosez-les d'huile d'olive et mélangez bien. Étalez sur une plaque de four, saupoudrez d'origan. Enfournez 10 minutes environ, le pain doit être bien doré. Laissez refroidir.

2. Faites bouillir de l'eau salée, dans une grande casserole. À l'ébullition, plongez délicatement tous les œufs dans l'eau (les 8 + celui de la sauce) et faites cuire 10 minutes. Sortez-les de l'eau et laissez-les refroidir dans de l'eau froide avant de les écaler.

3. Mixez un des œufs écalés avec les ingrédients de la sauce jusqu'à obtenir une consistance lisse. Réservez au frais.

4. Ciselez finement la ciboulette. Réalisez des copeaux de parmesan à l'aide d'un économe. Taillez la salade romaine en tronçons de 3 cm. Coupez les œufs durs en deux.

5. Dans un grand saladier, mélangez la sauce César avec les feuilles de salade et remuez jusqu'à ce que toutes les feuilles en soient bien recouvertes.

6. Dressez dans quatre grandes assiettes les feuilles de salade assaisonnées, 4 moitiés d'œuf par personne, des croûtons, des copeaux de parmesan. Parsemez de ciboulette et donnez un tour de moulin à poivre.

L'astuce gourmande !

La salade César est un plat mythique de la cuisine internationale ; elle a ses règles d'or et ses clubs de défenseurs ! Du « dressing » au choix de la salade en passant par la présence de poulet vapeur, frit... ou pas de poulet comme dans cette recette !

NUTRI-SCORE A B C D E

B ECO SCORE

Légumes à la carbanora

Corbonora ? Carbanaro ? Oh et puis flûte.

4

30 min

E A

Légumes
750 g de courgettes
350 g de haricots verts
Sauce carbonara
75 g de champignons de Paris
350 g d'épinards surgelés (ou 1,4 kg d'épinards frais)
1 oignon rouge
220 g de crème épaisse
1 jaune d'œuf
1 c. à s. de vinaigre de cidre
Garniture
150 g de lardons fumés
20 g de parmesan détaillé en copeaux
Sel (un peu !) & poivre du moulin

1. Émincez les champignons de Paris et ciselez l'oignon rouge. Faites décongeler les épinards ou équeutez-les s'ils sont frais. Faites sauter les lardons sur feu vif à la poêle sans ajouter de matière grasse. Débarrassez sur un papier absorbant. Réservez au chaud.

2. Utilisez le gras restant dans la poêle pour faire suer l'oignon puis les champignons et les épinards. Poivrez puis déglacez au vinaigre. Ajoutez la crème fraîche. Portez à ébullition. Laissez cuire 3 minutes en remuant puis mixez le tout à l'aide d'un mixeur plongeant. Ajoutez le jaune d'œuf, mélangez et laissez cuire encore 2 à 3 minutes sur feu très doux (ça ne doit plus bouillir) sans cesser de mélanger jusqu'à obtenir une consistance de sauce bien nappante et crémeuse. Rectifiez l'assaisonnement.

3. Faites cuire les haricots verts à la vapeur, gardez-les al dente. Taillez les courgettes en tagliatelles à l'aide d'une mandoline ou d'un économe. Faites-les cuire 4 minutes à la vapeur : elles doivent rester fermes. Réservez au chaud.

4. Dans les assiettes, dressez la sauce dans le fond puis disposez les haricots verts, les tagliatelles de courgette et les lardons. Parsemez de copeaux de parmesan avant de servir.

NUTRI-SCORE A B C D E

A ECO SCORE

L'astuce santé !

Vous pouvez décliner cette recette gourmande avec d'autres légumes, selon les saisons. Au printemps, elle fonctionnera très bien avec des petits pois, des fèves et même de belles asperges. C'est une recette faible en glucides car les féculents ont été ici remplacés par des légumes riches en fibres. Elle peut s'inclure dans un régime cétogène.

Attention, la page ci-contre contient de la nudité susceptible de heurter la sensibilité des plus jeunes.

Veuillez éloigner vos enfants.

Purée de patates douces & béchamel de pois chiches

4

45 min

P A H

Purée de patates douces
200 g de pommes de terre
400 g de patates douces
Le zeste râpé de ½ citron
150 ml de lait tiède
Sel & poivre du moulin

Béchamel de pois chiches aux légumes
1 oignon jaune
1 gros poireau
3 gousses d'ail épluchées
2 c. à s. d'huile d'olive
500 g d'épinards surgelés ou 2 kg d'épinards frais
1 pincée de piment fort en poudre
320 g de pois chiches en bocal (poids net égoutté)
100 ml d'eau des pois chiches
1 pincée de noix de muscade moulue
40 g de parmesan râpé

La touche finale
Parmesan râpé
4 branches de persil pour servir

1. Faites décongeler les épinards s'ils sont surgelés. Équeutez-les s'ils sont frais.

2. Épluchez les patates douces et les pommes de terre. Coupez-les grossièrement. Faites-les cuire 30 minutes à la vapeur. Écrasez-les dans un grand bol, à la fourchette ou au presse-purée, en ajoutant progressivement du sel, du poivre, le zeste de citron et le lait tiède. Réservez au chaud.

3. Émincez l'oignon et le poireau très finement et hachez les gousses d'ail. Faites chauffer 1 cuillerée à soupe d'huile dans une cocotte avec 1 gousse d'ail hachée et faites suer les épinards décongelés ou faites tomber les épinards frais équeutés. Salez et poivrez. Réservez.

4. Dans la même cocotte, faites chauffer le reste d'huile à feu moyen et faites suer l'oignon, le poireau, la seconde gousse d'ail hachée et le piment 10 minutes. En fin de cuisson, ajoutez les épinards. Rectifiez l'assaisonnement.

5. Mixez les pois chiches égouttés avec l'eau, la gousse d'ail restante, la noix de muscade et le parmesan râpé jusqu'à obtenir une sauce lisse. Hors du feu, versez-la dans la cocotte de légumes et mélangez.

6. Effeuillez et ciselez le persil. Servez la purée de patates douces parsemée de persil et de parmesan râpé, accompagnée de la béchamel de pois chiches.

7. Servez chaud.

NUTRI-SCORE A B C D E

A ECO SCORE

Veggie blanquette

4 | 1 h 20

Bouillon
½ oignon jaune
1 petite carotte
½ poireau
1 poignée de champignons de Paris
1 c. à s. d'huile d'olive
50 ml de vin blanc
500 ml d'eau
1 feuille de laurier
2 branches de thym
2 clous de girofle
1 pincée de noix de muscade moulue
Sel & poivre du moulin
Riz
250 g de riz long blanc
20 g de beurre
Légumes
320 g de carottes
320 g de champignons de Paris
250 g de navets
1 oignon jaune
2 c. à s. d'huile d'olive
Sauce blanquette
20 g de beurre
20 g de farine
100 ml de crème épaisse
2 jaunes d'œufs
Le jus de ½ citron
Pour servir
4 branches de persil

1. Taillez grossièrement l'oignon, la carotte et le poireau. Coupez les champignons en deux. Faites chauffer l'huile d'olive dans une cocotte sur feu moyen, faites suer tous les légumes sans coloration 5 à 10 minutes, versez le vin blanc et laissez réduire à sec. Ajoutez l'eau, le thym, le laurier et les épices. Couvrez et laissez mijoter 1 heure à feu doux. Passez dans une passoire fine. Salez et poivrez légèrement.

2. Faites cuire le riz dans une grande casserole d'eau bouillante salée selon les instructions du paquet. Égouttez et mélangez avec le beurre. Réservez au chaud.

3. Taillez les carottes en rondelles de 1 cm, émincez les champignons de Paris, coupez les navets en quartiers et coupez l'oignon en quatre. Faites chauffer l'huile dans une poêle sur feu moyen et colorez légèrement les légumes séparément. Terminez la cuisson des carottes, des navets et des oignons dans le bouillon. Égouttez à l'aide d'une écumoire et réservez les légumes.

4. Pour la sauce : faites fondre le beurre dans une cocotte sur feu moyen, versez la farine en 1 fois et mélangez avec un fouet. Versez 350 ml de bouillon de légumes petit à petit sans cesser de fouetter et portez à ébullition. Ajoutez la crème fraîche mélangée aux jaunes d'œufs. Faites cuire à feu doux en remuant jusqu'à épaississement, puis ajoutez le jus de citron.

5. Ciselez les feuilles de persil. Servez les légumes avec le riz, arrosez de sauce blanquette et parsemez de persil ciselé.

Brandade de maquereau

4 · 45 min · P E A H

Chapelure
40 g de reste de pain
1 c. à s. d'huile d'olive
1 branche d'aneth
2 tiges de ciboulette
20 g de noisettes
Maquereau
320 g de maquereau à l'huile en bocal
¼ de citron confit
4 branches de thym
2 oignons jaunes
Un peu d'huile d'olive
Purée
1 kg de pommes de terre
80 ml d'huile d'olive
200 ml de lait (facultatif)
Le jus de ½ citron
¼ de botte de persil
2 oignons nouveaux en saison ou ½ oignon rouge
1 gousse d'ail
Sel & poivre du moulin

1. Coupez le pain en dés et mélangez-les à l'huile d'olive. Étalez sur une plaque de four recouverte de papier cuisson et enfournez 10 minutes à 180 °C jusqu'à obtenir une légère coloration. Laissez refroidir. Ciselez l'aneth et la ciboulette, concassez les noisettes. Mixez le pain et mélangez la chapelure aux herbes ciselées et aux noisettes.

2. Hachez le citron confit et ciselez les oignons. Égouttez et émiettez le maquereau. Faites chauffer de l'huile dans une poêle et faites revenir les oignons quelques minutes à feu moyen. Salez. Ajoutez le citron confit haché et le thym. Mélangez au maquereau.

3. Ciselez le persil et les oignons nouveaux. Hachez la gousse d'ail. Épluchez les pommes de terre et faites-les cuire entières à la vapeur environ 30 minutes. À la main ou à l'aide d'un robot équipé d'une feuille, écrasez les pommes de terre, salez, poivrez, et incorporez progressivement l'huile d'olive. Ajoutez enfin le persil et les oignons ciselés, le jus de citron et l'ail. Ajoutez la préparation au maquereau et mélangez. Au besoin, détendez avec le lait jusqu'à obtenir une consistance souple.

4. Servez la brandade chaude agrémentée de la chapelure aux herbes et aux noisettes.

NUTRI-SCORE B · ECO SCORE B

L'astuce écolo !

La brandade est un plat généralement préparé à base de morue, c'est-à-dire du cabillaud salé et séché. Or le cabillaud est une ressource de plus en plus rare dans nos zones de pêche. En cuisinant une version au maquereau, on baisse la pression sur cette espèce et on enrichit, par la même occasion, son alimentation en précieux oméga 3.

Chili sin carne
(mais con gusto, promis)

4

40 min

P E

Haricots
200 g de riz thaï semi-complet
1 oignon jaune moyen
1 grosse carotte
2 c. à s. d'huile d'olive
1 pincée de chili en poudre ou de piment fort
500 g de tomates concassées en bocal
250 g de haricots rouges en bocal (poids net égoutté)
Sel & poivre du moulin

Guacamole de petits pois
30 g de petits pois surgelés ou 60 g de petits pois frais
80 g de tofu soyeux nature
½ gousse d'ail épluchée
1 pincée de cumin moulu
½ oignon cébette ou ¼ d'oignon rouge
Le jus de ½ citron
2 c. à s. d'huile d'olive
10 g de purée d'amandes
8 branches de coriandre

Pour servir
½ oignon cébette
4 branches de coriandre

1. Faites bouillir un grand volume d'eau salée dans une casserole et versez le riz. Faites cuire le temps indiqué sur le paquet, puis égouttez.

2. Épluchez et émincez l'oignon, taillez la carotte en petits dés. Faites chauffer l'huile dans une cocotte sur feu moyen-fort, ajoutez l'oignon, la carotte et le chili et faites suer 10 minutes jusqu'à tendreté, en remuant. Versez les tomates concassées, les haricots rouges égouttés, ajoutez 1 pincée de sel et laissez mijoter 20 minutes. Salez et poivrez.

3. Pour le guacamole : faites bouillir de l'eau salée dans une petite casserole, versez les petits pois et faites cuire 2 minutes. Rincez-les immédiatement sous l'eau froide, puis égouttez-les. Mixez finement avec le tofu, l'ail, le cumin, la cébette, le jus de citron, l'huile d'olive, la purée d'amandes et les branches de coriandre. Salez et poivrez.

4. Émincez la cébette restante et ciselez les feuilles de coriandre. Servez le riz avec le chili bien chaud. Mettez sur le coin de l'assiette le guacamole de petits pois frais. Parsemez de coriandre et de cébette.

NUTRI-SCORE A B C D E

A ECO SCORE

L’astuce écolo !

C’est un tour de force de proposer un chili avec un Eco-Score A ! Ce plat contient normalement du bœuf et est servi avec un guacamole d’avocat, deux aliments qui ont un fort impact écologique.

Torsades de lentilles coco-gingembre

4 | 45 min | P E A

320 g de torsades
de lentilles corail
Sauce coco-gingembre
1 oignon jaune
1 c. à s. d'huile d'olive
2 gousses d'ail épluchées
20 g de gingembre frais
500 g de tomates
concassées en bocal
150 ml de lait de coco
Sel & poivre du moulin
Épinards
1,4 kg d'épinards frais ou
350 g d'épinards surgelés
1 c. à s. d'huile d'olive
1 gousse d'ail épluchée

1. Épluchez et émincez l'oignon, épluchez le gingembre, hachez-le ainsi que l'ail. Faites chauffer l'huile d'olive dans une cocotte sur feu moyen-fort. Faites suer l'oignon quelques minutes, ajoutez l'ail et le gingembre, faites suer encore 2 minutes puis ajoutez les tomates concassées et le lait de coco. Salez, poivrez et laissez cuire 30 minutes à feu doux, à couvert.

2. Faites bouillir une grande casserole d'eau salée. Faites cuire les torsades 1 à 2 minutes de moins que le temps indiqué sur le paquet. Attention, la cuisson est rapide, gardez-les très al dente, égouttez immédiatement et rincez à l'eau froide pour stopper la cuisson, sans trop remuer, car les torsades sont fragiles.

3. Hachez la gousse d'ail, éliminez les parties dures des feuilles d'épinard (ou laissez-les décongeler si vous utilisez des épinards surgelés). Faites chauffer l'huile d'olive dans une grande poêle sur feu moyen-fort, faites suer l'ail et faites tomber les épinards. Couvrez et laissez cuire quelques minutes. Salez et poivrez généreusement.

4. Au moment de servir, réchauffez les torsades de lentilles dans la sauce tomate coco-gingembre. Servez les pâtes avec les épinards.

NUTRI-SCORE A B C D E

A ECO SCORE

Veggie Thanksgiving

4 | 1 h 10 | A H

Farce aux blettes
30 g de pain de mie
40 ml de lait
10 ml de crème liquide
140 g de blettes
1 gousse d'ail épluchée
1 œuf
2 c. à s. d'huile d'olive
Potimarron
700 g de potimarron
2 c. à s. d'huile d'olive
Purée
300 g de patates douces
350 g de pommes de terre à purée
30 g de beurre
30 ml de crème liquide
Sel & poivre du moulin
Épinards & maïs à la crème
320 g d'épinards surgelés ou 1,3 kg d'épinards frais
1 c. à s. d'huile d'olive
1 pincée de noix de muscade moulue
1 gousse d'ail épluchée
160 g de maïs en bocal (poids net égoutté)
60 ml de crème liquide

1. Préchauffez le four à 180 °C. Faites décongeler les épinards ; équeutez-les s'ils sont frais. Déchirez le pain de mie et faites-le tremper dans le lait et la crème liquide avec 1 pincée de sel. Émincez les blettes en séparant le blanc et le vert. Hachez l'ail.

2. Coupez le potimarron en deux, retirez les graines et taillez la chair en gros cubes, en gardant la peau. Mélangez les cubes de potimarron dans un bol avec 1 pincée de sel et 2 cuillerées à soupe d'huile d'olive. Disposez-les sur une plaque recouverte de papier cuisson. Enfournez 30 minutes environ à 180 °C jusqu'à ce qu'ils soient tendres.

3. Pour la farce : faites chauffer 1 cuillerée à soupe d'huile dans une poêle sur feu moyen et faites suer les blancs de blette avec l'ail. Lorsqu'ils sont tendres, débarrassez et mixez en purée. Faites chauffer 1 autre cuillerée à soupe d'huile dans une poêle sur feu moyen et faites tomber les verts de blette. Rassemblez la purée de blancs de blette, les verts de blette, la mie de pain égouttée et l'œuf. Mélangez et remplissez un petit moule à cake ou un petit moule à gâteau du mélange. Faites cuire à 180 °C environ 20 minutes jusqu'à ce que le mélange soit pris.

4. Épluchez les patates douces et les pommes de terre. Taillez-les grossièrement. Faites-les cuire séparément 30 à 40 minutes à la vapeur. Faites tiédir la crème et le beurre. Passez les légumes au presse-purée puis incorporez progressivement le mélange crème-beurre. Salez, poivrez. Réservez au chaud.

5. Hachez l'ail. Faites chauffer 1 cuillerée à soupe d'huile dans une poêle et faites revenir les épinards décongelés ou faites tomber les épinards frais avec la muscade et l'ail. Ajoutez le maïs rincé et égoutté. Faites cuire 5 minutes en mélangeant régulièrement. Ajoutez la crème liquide, salez et poivrez, mélangez et arrêtez la cuisson. Assemblez les ingrédients et servez.

Porridge de konjac aux courgettes

4

40 min

Courgettes
1 kg de courgettes
2 c. à s. d'huile d'olive
4 branches de basilic
Sauce
4 branches de basilic
1 gousse d'ail épluchée
20 g de purée d'amandes
100 g de mascarpone
20 ml de lait
Risotto de konjac
1 oignon jaune
1 c. à s. d'huile d'olive
1 cube de bouillon de légumes
400 g de riz de konjac
40 g de parmesan râpé
Sel & poivre du moulin
Pour servir
Parmesan râpé

1. Préchauffez le four à 180 °C. Taillez les courgettes en dés, enrobez-les d'huile d'olive et étalez-les sur une plaque recouverte de papier cuisson. Enfournez 15 minutes. Effeuillez et ciselez le basilic, mélangez-le délicatement aux courgettes rôties et réservez.

2. Pour la sauce : mixez rapidement le basilic (feuilles et tiges) avec l'ail, la purée d'amandes, le mascarpone, le lait et 1 pincée de sel. Réservez.

3. Épluchez et ciselez l'oignon. Faites chauffer l'huile dans une poêle sur feu moyen et faites suer l'oignon quelques minutes, en remuant régulièrement. Ajoutez le riz de konjac préalablement rincé et égoutté, le cube de bouillon émietté et mélangez pour réchauffer le riz (pas besoin de le faire cuire). Hors du feu, ajoutez le parmesan râpé et la préparation à base de mascarpone.

4. Servez aussitôt avec les dés de courgette rôtis et du parmesan râpé.

L'astuce santé !

Grâce au riz de konjac, ce plat contient peu de glucides. Il peut s'intégrer dans une alimentation cétogène, dans laquelle on limite son apport en glucides. On peut adopter cette alimentation pour atteindre différents objectifs (perte de poids, performances sportives d'endurance, immunité) en restant accompagné·e d'un médecin ou d'un nutritionniste.

Mafé de légumes

NUTRI-SCORE A B C D E

ECO SCORE A

4 | 1 h 10 | P E A

250 g de riz thaï semi-complet

Sauce mafé

1 oignon jaune
3 gousses d'ail épluchées
20 g de gingembre frais
1 c. à s. d'huile d'olive ou d'arachide
2 c. à s. de miel
4 c. à s. de garam masala
1 pincée de piment fort moulu
1 pincée de cumin moulu
100 g de purée de cacahuètes
300 ml de lait de coco
Le jus de 1 citron vert

Légumes

400 g de poireau
½ chou-fleur
300 g d'épinards en branches surgelés ou 1,2 kg d'épinards frais
1 gousse d'ail épluchée
1 c. à s. d'huile d'olive ou d'arachide
100 ml d'eau
1 poignée de cacahuètes grillées non salées
Sel & poivre du moulin

1. Faites cuire le riz façon pilaf ou au cuiseur à riz. À l'issue de la cuisson, ne mélangez pas le riz mais couvrez-le avec un torchon propre puis le couvercle et laissez-le reposer.

2. Émincez l'oignon, pelez le gingembre, hachez-le avec les gousses d'ail. Faites chauffer l'huile dans une casserole sur feu moyen-fort et faites suer l'oignon, l'ail et le gingembre 3 à 4 minutes. Ajoutez le miel, le garam masala, le piment et le cumin. Mélangez. Mouillez avec le lait de coco, ajoutez la purée de cacahuètes et délayez bien. Portez à ébullition puis laissez frémir 5 à 10 minutes. Hors du feu, ajoutez le jus de citron vert et rectifiez l'assaisonnement avec du sel et du poivre du moulin.

3. Si vous utilisez des épinards surgelés, faites-les décongeler. Si les épinards sont frais, éliminez la partie dure au centre des feuilles. Détaillez le chou-fleur en petits morceaux. Coupez le poireau en deux et détaillez-le en gros tronçons. Hachez la gousse d'ail. Faites chauffer l'huile dans une grande poêle sur feu fort et faites sauter les fleurettes de chou-fleur et les poireaux 2 minutes. Versez 100 ml d'eau, réduisez à feu doux, couvrez et laissez cuire 15 minutes. Ajoutez les épinards et l'ail, et laissez cuire 5 minutes de plus à découvert. À l'issue de la cuisson, assaisonnez de sel et de 1 pincée de poivre. Servez le tout dans de belles assiettes et parsemez de cacahuètes concassées.

L'astuce santé !

Troquer son riz blanc classique pour du riz semi-complet est un geste simple qui, pour un rendu et un goût très similaires, apporte 10 fois plus de fibres ! Pensez à bien le rincer avant cuisson afin d'éliminer le plus possible les traces d'arsenic et de mercure présents dans les rizières.

Félicitations, vous êtes arrivé.e à la moitié de ce livre !

Avant de reprendre la route, faites un arrêt pour vous reposer et profitez-en pour réviser vos légumes de saison visibles en page de droite.

Début du livre

Fin du livre

Été

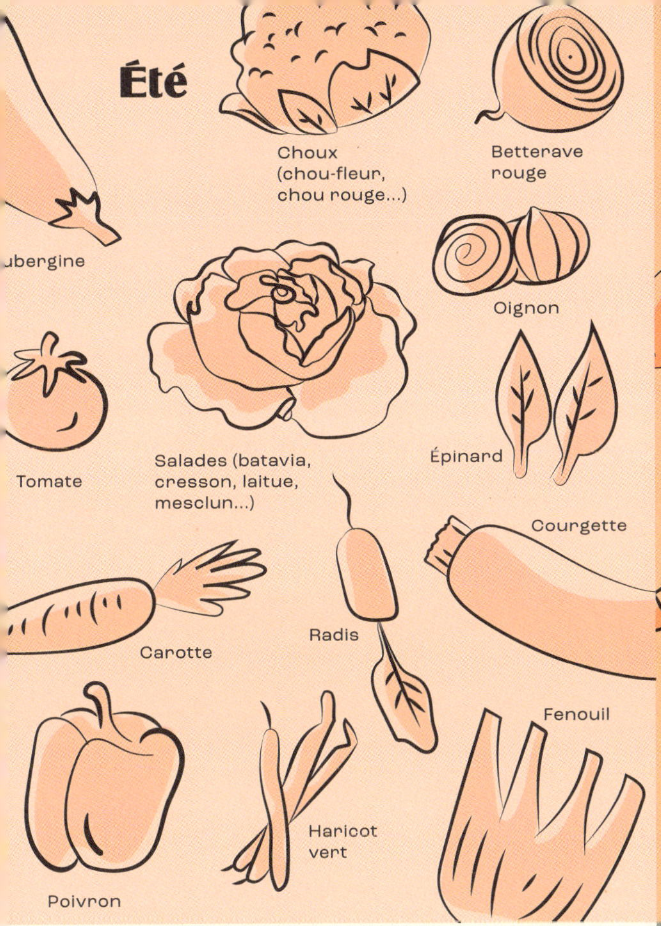

Automne

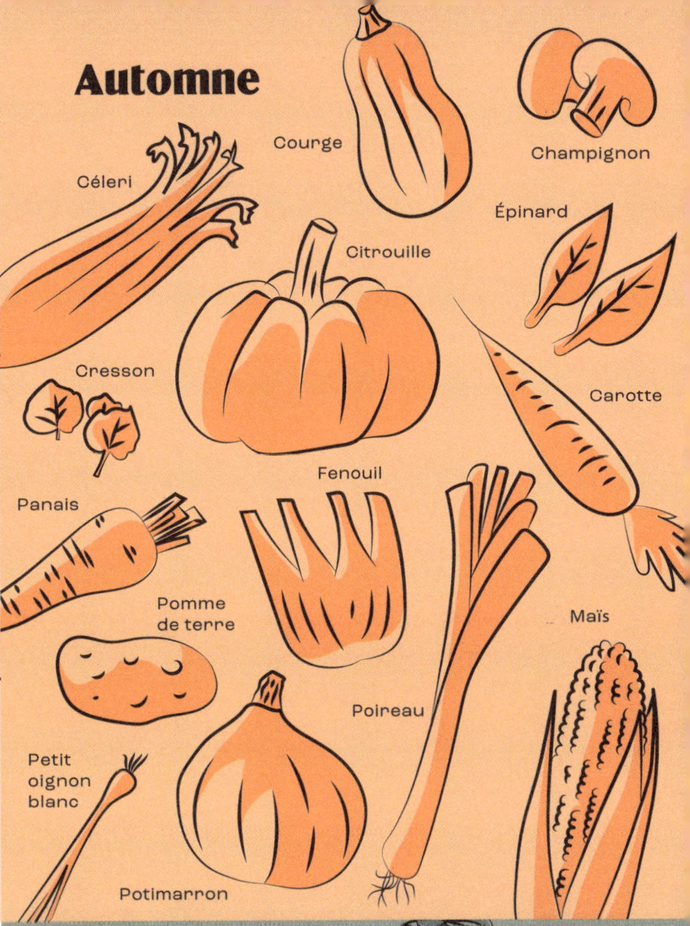

Printemps

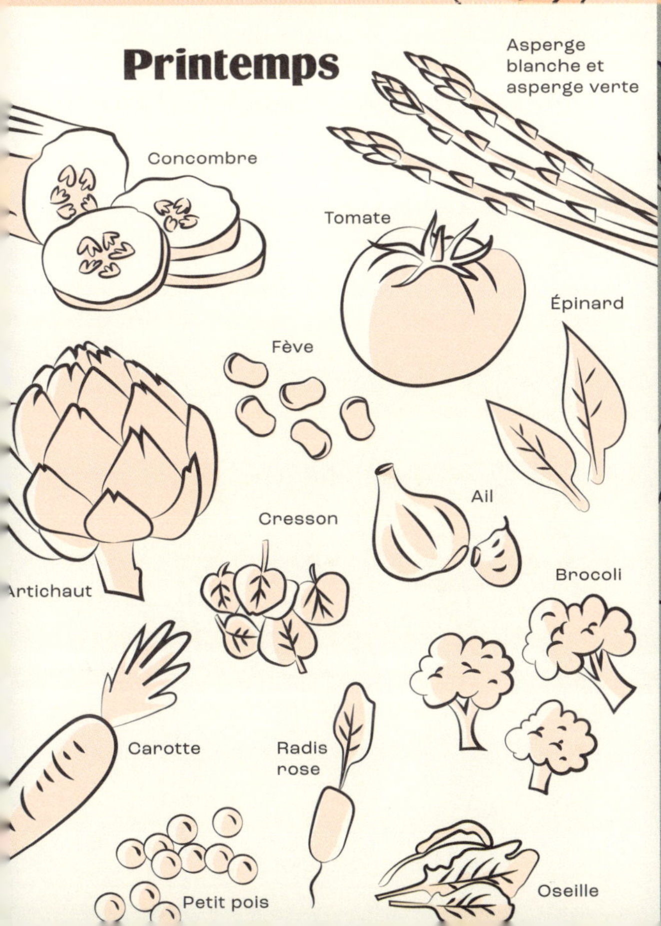

Hiver

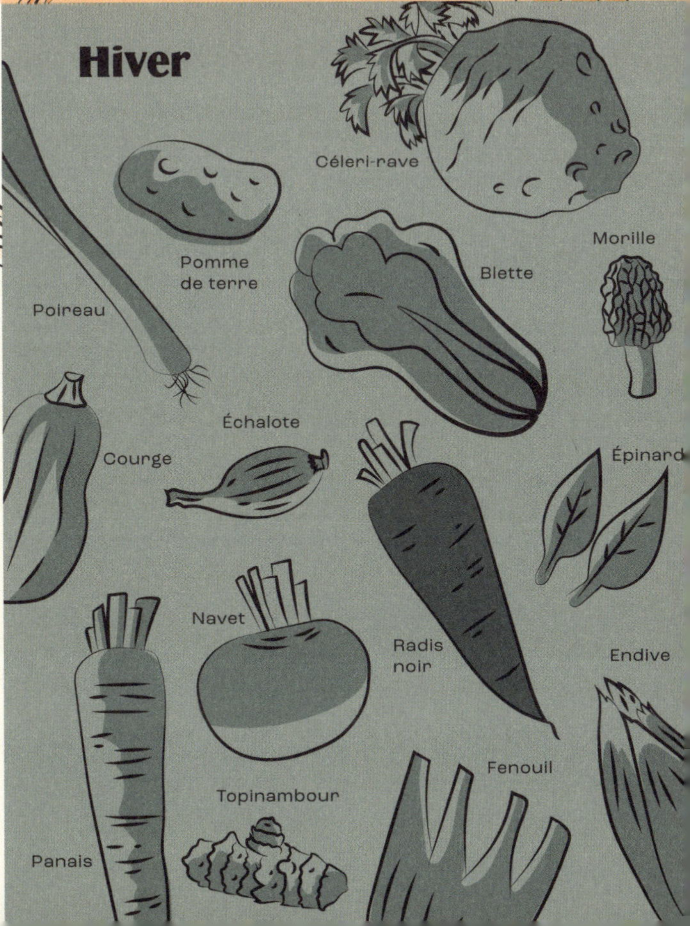

Enchiladas végétariennes

NUTRI-SCORE A B C D E

A ECO SCORE

4 | 35 min | P E A H

1 c. à s. d'huile d'olive
1 échalote
1 gousse d'ail épluchée
1 pincée de cumin moulu
1 pincée de piment fort moulu
1 cube de bouillon de légumes
25 g de concentré de tomate
150 ml d'eau
570 g de tomates concassées en bocal
570 g de haricots rouges en bocal (poids net égoutté)
120 g de cheddar fermier
8 branches de coriandre
1 citron vert
4 tortillas de blé
Sel & poivre du moulin

1. Épluchez et ciselez l'échalote, hachez l'ail. Faites chauffer l'huile dans une casserole sur feu moyen et faites suer l'échalote et l'ail sans coloration puis ajoutez le cumin, le piment, le cube de bouillon de légumes émietté, le concentré de tomate, l'eau et les tomates concassées. Salez et poivrez. Laissez mijoter 20 minutes à couvert. Ajoutez les haricots rouges rincés et égouttés, faites cuire 5 minutes de plus et stoppez la cuisson. Rectifiez l'assaisonnement.

2. Ciselez la coriandre. Râpez le cheddar. Coupez le citron vert en quartiers.

3. Servez les tortillas réchauffées garnies de préparation aux haricots rouges. Parsemez de cheddar râpé et de coriandre ciselée. Arrosez de jus de citron vert avant de déguster.

4. Félicitez-vous en français ou en espagnol, comme vous voulez.

L'astuce santé !

Cette recette apporte les protéines nécessaires à une bonne santé, en quantité et en qualité. Les protéines végétales ne sont pas complètes : il leur manque certains acides aminés. La solution ? Associer céréales et légumineuses, comme ici le blé des tortillas avec les haricots rouges.

Pad thaï de konjac au tofu

4 — 30 min

Tofu
300 g de tofu ferme nature
1 c. à s. d'huile d'olive
1 c. à s. de sauce tamari
Tagliatelles de konjac aux légumes
400 g de tagliatelles de konjac
1 c. à s. d'huile d'olive
1 gousse d'ail épluchée
½ poivron rouge
1 oignon cébette
100 g de chou kale
10 ml de sauce tamari
1 c. à s. de sirop d'agave
1 c. à c. de sauce Sriracha
Le jus de ½ citron vert
2 œufs
Pour servir
20 g de cacahuètes grillées
1 petite botte de coriandre
Sauce tamari

1. Coupez le tofu en dés. Faites chauffer l'huile d'olive dans une poêle sur feu fort et faites dorer les dés de tofu 10 minutes. En fin de cuisson, ajoutez la sauce tamari et enrobez-en les dés de tofu.

2. Retirez les tiges dures des feuilles de chou kale. Rincez et égouttez les tagliatelles de konjac. Hachez l'ail, évidez et émincez le poivron rouge, ainsi que la cébette et les feuilles de chou kale.

3. Faites chauffer l'huile dans une sauteuse sur feu fort. Faites sauter l'ail, le poivron et la cébette quelques minutes. Ajoutez les tagliatelles de konjac (inutile de les précuire) et le chou kale émincé, mélangez et ajoutez la sauce tamari, le sirop d'agave, la sauce Sriracha et le jus de citron vert. Faites cuire 1 minute en mélangeant, ajoutez les œufs légèrement battus, mélangez et laissez cuire 1 minute de plus, tout en remuant.

4. Hachez grossièrement les cacahuètes, effeuillez et ciselez la coriandre. Servez les tagliatelles de konjac sautées aux légumes avec les dés de tofu, parsemez le tout de cacahuètes concassées et de coriandre ciselée. Servez avec un peu de sauce tamari supplémentaire en milieu de table.

L'astuce santé !

Le tofu est une bonne source de protéines, pauvre en lipides. Même si c'est un aliment intéressant dans la cuisine végétarienne, il ne faut pas excéder une portion par jour, car il contient des phytoestrogènes qui peuvent être mauvais pour la santé s'ils sont consommés en trop grande quantité. Privilégiez une filière française et bio, donc sans organisme génétiquement modifié (OGM).

NUTRI-SCORE A B C D E

A ECO SCORE

Fusillis tomatofu

300 g de fusillis semi-complets

Sauce tomatofu

4 c. à s. d'huile d'olive
2 oignons jaunes
1 branche de céleri
60 g de carotte
80 g de courgette
1 gousse d'ail épluchée
450 g de tomates concassées en bocal
2 feuilles de laurier
1 pincée de piment d'Espelette
2 c. à s. de vinaigre de vin rouge
1 c. à c. de sucre de canne
100 g de tofu soyeux
Sel & poivre du moulin

Courgettes sautées

300 g de courgettes
½ gousse d'ail épluchée
2 branches de persil
1 c. à s. d'huile d'olive

1. Hachez grossièrement les oignons, le céleri, la carotte, la courgette et l'ail. Faites chauffer l'huile dans une grande poêle sur feu moyen et faites suer les légumes 10 minutes, en remuant régulièrement. Quand ils sont bien tendres, versez les tomates concassées, le vinaigre, ajoutez les feuilles de laurier, le sucre, le piment d'Espelette. Salez, poivrez, mélangez et laissez mijoter 20 minutes à couvert, à feu moyen. Ajoutez le tofu soyeux et mixez. Réservez au chaud.

2. Taillez les courgettes en gros dés et hachez l'ail. Effeuillez et ciselez le persil. Faites chauffer l'huile d'olive dans une poêle sur feu moyen. Ajoutez les dés de courgette et l'ail, faites sauter 3 minutes. Arrêtez la cuisson, ajoutez le persil et mélangez.

3. Faites bouillir une grande quantité d'eau salée. Faites cuire les fusillis le temps indiqué sur le paquet pour une cuisson al dente. Égouttez et mélangez aussitôt à la sauce tomatofu.

4. Servez les pâtes à la sauce tomate avec les courgettes sautées.

L'astuce gourmande !

Le tofu soyeux est moins connu que le tofu ferme et s'utilise différemment : dans des sauces, comme dans cette recette, mais également en pâtisserie, il apporte du moelleux. Il est utile pour réaliser des recettes sans produits d'origine animale.

Veggie mac'n'cheese

4 · 40 min · E A

Légumes rôtis
400 g de poireau
400 g de chou-fleur
400 g d'aubergine
Huile d'olive
Macaronis & sauce
200 g de macaronis
400 ml de lait
250 ml de crème liquide
1 gousse d'ail épluchée
1 pincée de noix
de muscade râpée
1 feuille de laurier
100 g de parmesan râpé
150 g de cheddar râpé
Sel & poivre du moulin

1. Coupez le poireau en gros tronçons, détaillez le chou-fleur en morceaux et taillez l'aubergine en gros dés. Faites-les cuire séparément dans un cuit-vapeur ou une casserole équipée d'un panier vapeur. Gardez-les al dente.

2. Préchauffez le four à 180 °C. Disposez les légumes cuits à la vapeur sur une plaque recouverte de papier cuisson, arrosez-les d'huile d'olive, salez et enfournez 15 minutes afin de les colorer légèrement.

3. Dans une casserole, portez à frémissement le lait et la crème, la gousse d'ail écrasée avec le plat d'un couteau, la noix de muscade et le laurier. Salez et poivrez. Éteignez le feu et laissez infuser 10 minutes.

4. Faites bouillir une grande quantité d'eau salée et plongez les macaronis. Laissez-les cuire 4 minutes puis égouttez-les. Ils doivent être sous-cuits.

5. Retirez la gousse d'ail et la feuille de laurier du mélange lait-crème. Ajoutez les pâtes et terminez la cuisson pendant 4 à 5 minutes sur feu moyen, sans cesser de remuer. Hors du feu, ajoutez les fromages râpés. Le mélange doit être onctueux et homogène.

6. Servez les macaronis au fromage accompagnés des légumes rôtis dans des assiettes creuses.

NUTRI-SCORE A B C D E

B ECO SCORE

Torsades de lentilles, légumes & pesto de coriandre

4

40 min

P E A

200 g de torsades
de lentilles
Pesto
½ botte de coriandre
½ botte de persil
1 gousse d'ail épluchée
50 g de noix de cajou
grillées
30 ml d'huile d'olive
20 ml d'huile de colza
1 c. à c. de levure maltée
1 c. à s. de sauce tamari
1 c. à s. de jus de citron
Légumes
4 c. à s. d'huile d'olive
350 g de carottes
1 oignon rouge
150 g de shiitake
200 g de champignons
de Paris
1,5 kg d'épinards frais
ou 450 g d'épinards en
branches surgelés
1 gousse d'ail épluchée
1 c. à s. d'huile de sésame
Sel & poivre du moulin

1. Retirez les tiges dures des épinards frais ou faites décongeler les épinards surgelés et égouttez-les.

2. Mixez ensemble tous les ingrédients du pesto.

3. Taillez les carottes en cubes ou en rondelles, faites-les cuire à la vapeur jusqu'à tendreté. Enrobez-les de 1 cuillerée à soupe d'huile d'olive et enfournez-les environ 15 minutes à 180 °C pour les faire dorer.

4. Émincez l'oignon et les champignons. Faites chauffer 2 cuillerées à soupe d'huile d'olive dans une poêle sur feu moyen, faites suer les oignons 3 minutes, ajoutez les champignons, salez, poivrez et laissez cuire encore 10 minutes jusqu'à évaporation de l'eau.

5. Hachez l'ail, faites chauffer la dernière cuillerée à soupe d'huile d'olive dans une poêle, ajoutez les épinards et l'ail, laissez cuire jusqu'à évaporation de l'eau. En fin de cuisson, assaisonnez d'huile de sésame.

6. Faites cuire les torsades dans un grand volume d'eau salée selon les indications de l'emballage. Égouttez-les et enrobez-les des deux tiers du pesto.

7. Servez les torsades au pesto accompagnées de carottes, champignons et épinards, et du reste de pesto.

NUTRI-SCORE A B C D E

A ECO SCORE

L’astuce gourmande !

Surveillez la cuisson des pâtes de lentilles ! Elles cuisent rapidement mais sont capricieuses : elles ne se mangent pas al dente contrairement aux pâtes classiques, mais trop cuites, elles se transforment en bouillie.

Tagliatelles carbo-champi

4

30 min

P E A H

400 g de tagliatelles
250 g de poitrine fumée en tranches
700 g de champignons de Paris
1 gousse d'ail épluchée
2 c. à s. d'huile d'olive

Sauce

2 jaunes d'œufs
100 ml de préparation culinaire au soja
½ gousse d'ail épluchée
Sel & poivre du moulin

Pour servir

4 branches de persil
80 g de parmesan

1. Fouettez les jaunes d'œufs avec la préparation au soja, et la demi-gousse d'ail hachée très finement. Salez légèrement et poivrez bien.

2. Faites chauffer une poêle sur feu fort. Posez à plat, sur une seule couche, les tranches de poitrine pour les faire griller, retournez-les pour les griller sur l'autre face. Taillez en lanières, réservez au chaud.

3. Émincez les champignons et hachez l'ail. Dans la même poêle (dégraissée si nécessaire), faites chauffer l'huile d'olive sur feu moyen-fort, faites sauter les champignons avec l'ail. Assaisonnez et faites cuire jusqu'à ce que les champignons soient bien dorés. Réservez au chaud.

4. Faites bouillir une grande quantité d'eau salée et faites cuire les tagliatelles le temps indiqué pour une cuisson al dente. Égouttez. Réservez 2 cuillerées à soupe d'eau de cuisson et ajoutez-les à la sauce aux jaunes d'œufs.

5. Mélangez les pâtes chaudes avec la sauce. Effeuillez et ciselez le persil, râpez le parmesan. Servez les tagliatelles avec les champignons, la poitrine grillée, parsemez de persil ciselé et de parmesan râpé.

NUTRI-SCORE A B C D E

B ECO SCORE

C'est quoi déjà le nom ?
Ha oui, veggie bolo.

4

45 min

P E A H

350 g de spaghettis semi-complets
Sauce bolo veggie
75 g de lentilles vertes
2 c. à s. d'huile d'olive
½ oignon jaune
½ gousse d'ail épluchée
1 branche de céleri
1 carotte
4 champignons de Paris
1 c. à c. de concentré de tomate
50 g de tofu nature
450 g de tomates concassées en bocal
100 ml d'eau
1 pincée d'origan séché
2 branches de thym
1 branche de romarin
1 feuille de laurier
1 c. à s. de levure maltée
Sel & poivre du moulin
Pour servir
4 branches de persil

1. Rincez les lentilles et démarrez leur cuisson à l'eau froide avec la feuille de laurier et 1 branche de thym. Salez aux deux tiers de la cuisson. Ciselez l'oignon et l'ail, taillez le céleri, la carotte et les champignons en brunoise. Hachez grossièrement le tofu.

2. Faites chauffer l'huile d'olive dans une grande poêle ou sauteuse sur feu moyen-fort, ajoutez l'oignon et l'ail, faites suer 3 minutes en remuant. Ajoutez le céleri et la carotte, laissez cuire 3 minutes de plus, puis ajoutez les champignons. Ajoutez le concentré de tomate, les tomates concassées et l'eau. Laissez mijoter 30 minutes à feu doux, puis incorporez les lentilles cuites préalablement égouttées.

3. Effeuillez le romarin et le thym restant, ajoutez-les avec l'origan et le tofu dans la sauce, laissez mijoter 10 minutes de plus en ajustant la consistance avec de l'eau si nécessaire. Assaisonnez avec du sel, du poivre et la levure maltée.

4. Faites bouillir une grande quantité d'eau salée et faites cuire les spaghettis le temps indiqué sur le paquet pour une cuisson al dente. Égouttez.

5. Servez les pâtes avec la sauce veggie bolo bien chaude et parsemez de persil effeuillé.

L'astuce gourmande !

Eco-score A ! Et pourtant, on retrouve ici toutes les impressions d'une bonne sauce bolognaise sans utiliser de viande. Vous pouvez utiliser cette sauce, dans une version moins liquide, pour faire des lasagnes ou pour un hachis Parmentier végétarien du tonnerre.

NUTRI-SCORE A B C D E

A ECO SCORE

Linguine au butternut & crème d'épinards au bleu

4

45 min

A H

280 g de linguine
30 g de pignons de pin
Butternut
700 g de butternut
1 c. à s. d'huile d'olive
½ gousse d'ail
1 pincée de paprika fumé
2 feuilles de sauge
Sel & poivre du moulin
Crème d'épinards au bleu
1 oignon jaune
1 c. à s. d'huile d'olive
200 g de ricotta
150 g de bleu ou de votre fromage à pâte persillée préféré
500 g de d'épinards surgelés ou 2 kg d'épinards frais

1. Décongelez les épinards et égouttez-les dans une passoire. Équeutez-les s'ils sont frais.

2. Préchauffez le four à 170 °C. Retirez les graines du butternut et taillez la chair en gros dés.

3. Hachez l'ail et les feuilles de sauge. Mélangez dans un saladier les dés de butternut avec l'huile d'olive, l'ail, la sauge, le paprika et 1 pincée de sel. Étalez les dés de butternut assaisonnés sur une plaque recouverte de papier cuisson. Enfournez 20 à 30 minutes.

4. Dans une poêle sans matière grasse, toastez légèrement les pignons de pin.

5. Épluchez et émincez l'oignon. Faites chauffer l'huile dans une poêle sur feu moyen et faites suer l'oignon quelques minutes. Ajoutez les épinards et faites cuire 10 minutes jusqu'à évaporation de l'eau. Hors du feu, ajoutez la ricotta et le fromage bleu émietté. Mélangez et mixez la préparation pour obtenir une crème lisse. Assaisonnez de sel et de poivre.

6. Faites bouillir une grande quantité d'eau salée dans une casserole et faites cuire les linguine al dente. Égouttez-les et mélangez-les immédiatement à la crème aux épinards.

7. Servez les linguine avec les dés de butternut, parsemées de pignons torréfiés.

NUTRI-SCORE A B C D E

A ECO SCORE

Pasta pistache, tofu verde & brocoli

4

35 min

P E A H

250 g de pâtes papillons complètes
350 g de brocoli
20 g de pistaches
Sel & poivre du moulin

Crème de pistaches

70 g de pistaches mondées
Une noix de beurre
½ gousse d'ail épluchée
70 ml de vin blanc
15 ml d'eau
50 g de crème liquide

Tofu verde

250 g de tofu nature
15 g de câpres
40 g d'olives vertes dénoyautées
20 g de grana padano râpé
½ gousse d'ail épluchée
Le jus de ½ citron vert
4 branches de persil plat
1 petite botte de basilic
2 c. à s. de sauce soja
1 pincée de piment d'Espelette
4 c. à s. d'huile d'olive

1. Préparez la crème de pistaches. Hachez les pistaches. Hachez la demi-gousse d'ail. Faites fondre le beurre dans une poêle sur feu moyen et faites revenir les pistaches 4 minutes, en remuant. Ajoutez le vin blanc, l'ail haché et laissez réduire jusqu'à ce que la consistance soit crémeuse. Hors du feu, ajoutez l'eau et la crème, 1 pincée de sel et mélangez. Réservez.

2. Pour le tofu verde : hachez grossièrement le tofu, effeuillez et émincez les herbes. Mixez grossièrement le reste des ingrédients et mélangez délicatement aux éclats de tofu et aux herbes afin que le tofu soit bien enrobé. Réservez.

3. Faites bouillir une grande casserole d'eau salée. Détaillez le brocoli en fleurettes, épluchez le pied et détaillez-le en cubes. Plongez le tout dans la casserole pendant 5 minutes. Égouttez en gardant l'eau de cuisson et réservez au chaud. Dans la même eau, faites cuire les papillons le temps indiqué sur le paquet pour une cuisson al dente. Égouttez.

4. Mélangez les papillons cuits avec la crème de pistaches et dressez aussitôt dans des assiettes. Ajoutez les fleurettes de brocoli, le tofu vert et parsemez de pistaches hachées avant de servir.

L'astuce écolo !

On mélange rarement le tofu avec des pâtes et il peut sembler un peu fade de prime abord. Pourtant, le tofu est une très bonne source de protéines. Bien assaisonné comme ici, avec des herbes et des condiments goûtus, il est un accompagnement idéal et contribue à faire de cette recette un plat complet sur le plan nutritionnel et léger sur la balance environnementale !

NUTRI-SCORE A B C D E

A ECO SCORE

P- - c St - - g - n - ff*
(à vous de deviner les lettres manquantes)

4 | 2 h 20 | P E A H

Porc
600 g d'épaule de porc désossée, découennée et dégraissée
6 c. à s. d'huile d'olive
1 oignon jaune
120 g de champignons de Paris
½ gousse d'ail épluchée
80 ml de vin blanc
4 c. à s. de concentré de tomate
25 g de cornichons
400 ml d'eau
1 cube de bouillon de légumes
1 c. à c. de moutarde à l'ancienne
30 g de crème épaisse
Sel & poivre du moulin
Purée
700 g de pommes de terre à purée
70 g de beurre
150 ml de lait entier
Pour servir
8 branches de persil

NUTRI-SCORE A B C D E

B ECO SCORE

1. Creusez-vous la tête pour trouver le titre de ce plat. Si vous abandonnez, regardez la réponse en bas de page.

2. Faites chauffer l'huile dans une cocotte sur feu fort, faites colorer l'épaule de porc sur toutes les faces. Réservez hors de la cocotte. Dégraissez légèrement si besoin. Épluchez et émincez l'oignon et les champignons. Hachez l'ail et taillez les cornichons en rondelles.

3. Sur feu moyen, ajoutez l'oignon, les champignons et l'ail. Salez et laissez suer 10 minutes. Ajoutez le vin blanc, mélangez en grattant le fond de la cocotte avec une cuillère en bois pour décoller les sucs de cuisson. Faites réduire à sec. Ajoutez le concentré de tomate, les cornichons et l'épaule de porc. Couvrez à hauteur avec l'eau et ajoutez le cube de bouillon de légumes. Salez modérément et poivrez. Portez à frémissement, couvrez et laissez mijoter 1 h 30 à 2 heures, à feu doux, jusqu'à ce que la viande soit parfaitement tendre.

4. Épluchez les pommes de terre, faites-les cuire entières 40 minutes à la vapeur. Faites tiédir le lait avec le beurre, salez. Passez les pommes de terre cuites au moulin à légumes en ajoutant progressivement le mélange lait-beurre. Réservez au chaud. Effeuillez et ciselez le persil.

5. À l'issue de la cuisson, sortez la viande de la cocotte. Réservez au chaud. Filtrez le jus de cuisson, replacez-le dans la cocotte et faites réduire à feu vif jusqu'à ce qu'il nappe la cuillère. Hors du feu, ajoutez la moutarde et la crème épaisse. Effilochez la viande avec les doigts (attention, c'est chaud !).

6. Servez la purée avec la viande effilochée, arrosez de sauce et parsemez de persil ciselé.

*Porc Stroganoff

L’astuce écolo !

À qualité d’élevage égale, la production de porc a un impact environnemental plus faible que celle du bœuf mais plus élevée que celle du poulet. Dans ce plat mythique de la cuisine russe, le bœuf est remplacé par du cochon et l’Eco-score passe ainsi de C à B.

Poulet teriyaki

300 g de riz thaï semi-complet

Poulet

4 filets de poulet (120 g chacun)
100 g de miel liquide
50 ml d'huile de sésame grillé
100 ml de sauce soja
1 c. à c. de Tabasco®
2 g de Maïzena®
Sel

Champignons sautés

200 g de shiitake
2 c. à s. d'huile de sésame grillé
1 gousse d'ail épluchée
300 g de pousses de soja (haricots mungo)

Pour servir

1 oignon cébette
1 petite botte de ciboulette
2 c. à s. de sésame blond grillé

1. Faites bouillir une grande quantité d'eau salée dans une casserole et faites cuire le riz le temps indiqué sur le paquet, puis égouttez. Réservez au chaud.

2. Mélangez le miel avec l'huile de sésame, la sauce soja et le Tabasco®. Disposez les filets de poulet dans un plat et enrobez-les de cette sauce. Laissez mariner 45 minutes environ.

3. Émincez les shiitake, hachez la gousse d'ail. Faites chauffer 1 cuillerée à soupe d'huile de sésame dans une grande poêle sur feu fort, ajoutez les shiitake et la moitié de l'ail haché. Faites sauter 2 à 3 minutes afin de faire évaporer l'eau, puis réservez. Dans la même poêle, faites chauffer l'autre cuillerée à soupe d'huile de sésame et faites sauter les pousses de soja avec le reste d'ail haché. Mélangez aux champignons. Réservez au chaud.

4. Égouttez les filets de poulet, récupérez la marinade et mélangez-la avec la Maïzena®. Faites chauffer une poêle sur feu moyen et faites cuire les filets de poulet 4 minutes environ sur chaque face sans les toucher, sauf pour les retourner. Retirez les filets de la poêle, versez la sauce à la place et faites cuire 2 minutes sur feu moyen tout en fouettant jusqu'à épaississement.

5. Ciselez l'oignon cébette et la ciboulette. Servez les filets de poulet avec les champignons sautés, le riz, arrosez de sauce et parsemez de ciboulette, de cébette et de graines de sésame grillées.

Meatloaf de ~~licorne~~ poulet

4 — 1 h 20

Meatloaf
1 oignon jaune
1 carotte
1 gousse d'ail épluchée
1 c. à c. d'origan séché
1 c. à s. d'huile de tournesol
250 g de chair à saucisse
250 g de chair de volaille hachée
70 g de pain de mie
60 ml de lait
1 œuf
80 g d'emmental râpé
1 c. à s. de sauce Worcestershire
1 c. à c. de concentré de tomate
Sel & poivre du moulin

Légumes rôtis
350 g de choux de Bruxelles
500 g de pommes de terre grenaille
2 c. à s. d'huile d'olive

Sauce tomate
1 oignon jaune
1 gousse d'ail épluchée
1 branche de thym
1 c. à s. d'huile d'olive
350 g de tomates concassées en bocal
40 ml d'eau

Pour servir
2 branches de persil

1. Préchauffez le four à 170 °C. Pelez et émincez l'oignon, taillez la carotte en brunoise, hachez la gousse d'ail. Faites tremper le pain de mie dans le lait.

2. Faites chauffer l'huile dans une poêle sur feu moyen-fort. Ajoutez l'oignon, la carotte, l'ail et l'origan. Faites cuire jusqu'à ce que le mélange soit fondant, en remuant régulièrement. Versez dans un grand bol avec le pain mouillé émietté, la chair à saucisse, la chair de volaille, l'œuf, l'emmental râpé, la sauce Worcestershire, le concentré de tomate, du sel et du poivre. Mélangez le tout avec les doigts pour obtenir une préparation homogène.

3. Huilez les parois d'un moule à cake et remplissez-le du mélange. Enroulez le moule dans du papier cuisson. Enfournez à 170 °C 40 à 45 minutes. Retirez le papier cuisson 15 minutes avant la fin afin de colorer le meatloaf.

4. Pelez et émincez l'oignon et hachez la gousse d'ail. Faites chauffer l'huile dans une poêle sur feu moyen. Faites suer l'oignon, l'ail et le thym effeuillé 5 minutes puis versez les tomates concassées et l'eau. Salez et laissez mijoter 40 minutes à couvert. 15 minutes avant la fin de la cuisson, retirez le couvercle. La sauce doit être réduite et doit napper la cuillère. Mixez et poivrez.

5. Coupez la base des choux de Bruxelles. Coupez les pommes de terre grenaille en deux dans la longueur. Enrobez les légumes d'huile d'olive et assaisonnez de sel et de poivre. Disposez les pommes de terre sur une plaque recouverte de papier cuisson. Enfournez 15 minutes à 170 °C puis ajoutez les choux de Bruxelles et faites cuire encore 10 minutes.

6. Ciselez le persil. Servez une tranche de meatloaf avec les légumes rôtis, nappez de sauce tomate et parsemez de persil haché.

Effiloché de canard à la purée de patates douces

4

1h

P E
A H

3 cuisses de canard
1 c. à s. d'huile d'olive
1 oignon jaune
½ gousse d'ail épluchée
50 ml de vin blanc
250 ml d'eau
30 g de mascarpone
10 branches de persil

Purée

450 g de pommes de terre à purée
700 g de patates douces
40 ml de crème liquide
80 g de beurre
Sel & poivre du moulin

1. Émincez l'oignon, effeuillez et ciselez le persil. Hachez l'ail. Faites chauffer l'huile sur feu fort dans une cocotte et saisissez les cuisses de canard. Débarrassez et réservez. Dans la même cocotte, faites suer l'oignon émincé et l'ail haché 3 minutes, remettez les morceaux de canard et versez le vin blanc. Mélangez pour décoller les sucs au fond de la cocotte, ajoutez l'eau, 1 pincée de sel et laissez mijoter 50 minutes à couvert sur feu doux.

2. Pendant ce temps, épluchez les patates douces et les pommes de terre, coupez-les grossièrement. Faites-les cuire à la vapeur pendant 30 à 40 minutes. Écrasez au presse-purée en ajoutant petit à petit la crème et le beurre. Salez, poivrez. Réservez.

3. Débarrassez les cuisses de canard, éliminez la peau et les os, et effilochez la chair à l'aide d'une fourchette. Remettez le canard effiloché dans la cocotte avec le jus de cuisson préalablement dégraissé, ajoutez le mascarpone et la moitié du persil ciselé, puis mélangez.

4. Servez la purée accompagnée de l'effiloché de canard, parsemez le restant de persil ciselé et régalez-vous !

NUTRI-SCORE A B C D E

C ECO SCORE

L'astuce santé !

La patate douce apporte une touche sucrée qui se marie parfaitement avec le canard et permet aussi d'alléger l'impact du plat sur votre glycémie. En effet, elle possède un index glycémique plus faible que la pomme de terre, elle est aussi plus riche en minéraux et antioxydants, et contient de la vitamine A.

Merlu aux légumes verts & écrasé de petits pois

4 — 35 min — P E

500 g de filet de merlu
1 c. à s. d'huile d'olive
2 branches de thym
350 g de haricots verts frais
1,2 kg de fèves fraîches

Écrasé de petits pois

1 kg de petits pois frais
50 g de yaourt à la grecque
4 branches de menthe
Sel & poivre du moulin

Pour servir

1 citron

1. Préchauffez le four à 170 °C. Équeutez les haricots verts, écossez les fèves et les petits pois.

2. Effeuillez le thym. Coupez le filet de merlu en 4 portions égales. Rangez-les sur une plaque recouverte de papier cuisson. Arrosez d'huile d'olive et parsemez de feuilles de thym. Enfournez 15 minutes.

3. Faites bouillir une grande quantité d'eau salée dans une casserole. Faites cuire les petits pois pendant 2 minutes. Récupérez-les avec une écumoire et plongez-les dans un bol d'eau glacée.

4. Dans la même eau, faites cuire les fèves 2 minutes. Égouttez-les et refroidissez-les également, puis débarrassez-les de leur enveloppe.

5. Faites cuire les haricots verts à la vapeur 10 minutes environ, gardez-les al dente. En fin de cuisson, réchauffez les fèves dans le même cuit-vapeur.

6. Mixez les petits pois égouttés avec le yaourt et la moitié des feuilles de menthe. Ciselez le reste de la menthe et mélangez-la aux fèves.

7. Servez les filets de merlu avec les haricots verts et les fèves chauds, l'écrasé de petits pois au yaourt froid et un quartier de citron pour arroser le tout.

L'astuce écolo !

La gestion de la pêche est un enjeu crucial pour l'équilibre des écosystèmes marins. Par habitude, on achète souvent les mêmes poissons. Pourquoi ne pas plutôt essayer de diversifier les espèces de poissons que l'on consomme tout en favorisant celles qui ne sont pas menacées ? Dans notre recette, du merlu par exemple !

NUTRI-SCORE A B C D E

B ECO SCORE

Fish taco bowl

NUTRI-SCORE A B C D E

B ECO SCORE

4 · 1 h · P E A H

200 g de riz thaï semi-complet
Saumon
600 g de filet de lieu noir sans peau, désarêté
½ gousse d'ail
1 c. à c. de cumin moulu
1 c. à c. de paprika moulu
1 pincée d'origan séché
Le jus de 1 citron
4 c. à s. d'huile d'olive
1 pincée de piment fort en poudre
4 branches de persil plat
Garniture de légumes
2 c. à s. d'huile d'olive
200 g de brocoli
150 g de maïs en bocal (poids net égoutté)
1 oignon jaune
150 g de chou rouge
2 branches de persil plat
Le jus de 1 citron
Sauce
150 g de yaourt à la grecque
4 c. à s. d'huile d'olive
1 pincée de cumin moulu
50 ml de lait
½ petit piment rouge
Sel & poivre du moulin

1. Faites cuire le riz dans une grande casserole d'eau bouillante salée selon les instructions de l'emballage. Égouttez et réservez au chaud.

2. Hachez finement la gousse d'ail et mélangez avec le cumin, le paprika, l'origan, le jus de citron, l'huile d'olive et le piment. Salez légèrement. Enrobez le poisson de cette marinade et laissez reposer 1 heure au frais.

3. Préchauffez le four à 160 °C. Égouttez le filet de lieu, disposez-le sur une plaque recouverte de papier cuisson, enfournez 8 à 10 minutes environ selon l'épaisseur. Laissez refroidir. Effeuillez et ciselez le persil, mélangez-le à la marinade récupérée. Effeuillez le filet de lieu cuit du bout des doigts et mélangez délicatement à la marinade au persil. Réservez.

4. Hachez finement le piment et mélangez avec le reste des ingrédients de la sauce. Salez et poivrez. Réservez au frais.

5. Pour la garniture : taillez le brocoli à la mandoline, haut du pied compris. Rincez et égouttez le maïs. Émincez finement l'oignon et le chou. Ciselez le persil. Faites chauffer 1 cuillerée à soupe d'huile dans une grande poêle ou un wok à feu fort, ajoutez le brocoli et le maïs, et faites sauter 3 minutes. Réservez. Dans la même poêle, faites chauffer 1 cuillerée à soupe d'huile sur feu moyen et faites suer l'oignon et le chou émincés. Faites cuire 10 minutes en remuant régulièrement. Hors du feu, ajoutez le brocoli et le maïs, le persil ciselé, arrosez de jus de citron et réservez.

6. Répartissez dans des assiettes le riz, les légumes sautés et le poisson mariné, puis arrosez de sauce.

L’astuce écolo !

Choisir son poisson n’est pas chose aisée. L’attitude parfaite consisterait à n’acheter que du poisson issu de petits bateaux de pêche côtière française, dont les modes de pêche sont peu impactants. Malheureusement, l’information n’est pas toujours claire et se fier aux labels existants facilite la prise de décision, même si leur sérieux est parfois remis en question par des ONG très vigilantes.

Salade de bonite melva & quinoa à la tomate

4

30 min

P E A

250 g de filet de bonite en conserve
150 g de quinoa

Sauce tomate

2 oignons rouges
350 g de carottes
1 c. à s. d'huile d'olive
20 g de concentré de tomate
100 g de tomates concassées en bocal

Salade de pois chiches

160 g de pois chiches en bocal (poids net égoutté)
2 branches de basilic
6 branches de persil plat
2 oignons cébettes
½ citron confit
Le jus de 1 citron vert
2 c. à s. de vinaigre de vin rouge
2 c. à s. d'huile d'olive
Sel & poivre du moulin

Pour servir

40 g de pousses d'épinard
1 citron

1. Dans une sauteuse, disposez le quinoa et couvrez-le à hauteur d'eau légèrement salée. Couvrez et laissez cuire à feu doux jusqu'à absorption totale. Vérifiez la cuisson : si le quinoa est trop croquant, ajoutez un peu d'eau et poursuivez la cuisson quelques minutes. Le grain doit être tendre mais pas mou.

2. Pour la sauce tomate : épluchez et émincez les oignons rouges, taillez les carottes en brunoise. Faites chauffer l'huile sur feu moyen dans une cocotte et faites suer les oignons rouges et les carottes, en mélangeant, puis ajoutez le concentré de tomate, les tomates concassées et 1 pincée de sel. Faites cuire 15 minutes à couvert sur feu moyen. Mélangez au quinoa cuit. Laissez refroidir.

3. Pour la salade de pois chiches : effeuillez et ciselez les herbes, émincez les oignons cébettes. Évidez et hachez le citron confit. Rincez et égouttez les pois chiches. Mélangez l'ensemble des ingrédients de la salade, salez et poivrez. Réservez au frais.

4. Égouttez et émiettez la bonite. Coupez le citron en quartiers. Dans une assiette, répartissez le quinoa froid à la tomate, la salade de pois chiches, les pousses d'épinard et la bonite émiettée. Servez avec un quartier de citron.

L'astuce écolo !

La bonite melva, cousine du thon, est pêchée au large des côtes portugaises. Elle se reproduit rapidement et n'est pas classée parmi les espèces en danger. Si vous n'en trouvez pas, vous pouvez la remplacer par du maquereau, voire de la sardine.

NUTRI-SCORE A B C D E

B ECO SCORE

Couscous de saumon au citron confit

NUTRI-SCORE A B C D E

B ECO SCORE

4 — 1 h — A H

Saumon
4 pavés de saumon (120 g chacun)
½ citron confit
2 c. à s. d'huile d'olive

Tajine de légumes
3 c. à s. d'huile d'olive
1 oignon jaune
1 gousse d'ail épluchée
4 g de gingembre frais
1 c. à s. de ras el-hanout + 3 c. à c.
90 g de tomates concassées en bocal
250 ml d'eau
1 c. à c. de Maïzena®
25 g d'olives vertes dénoyautées
12 branches de coriandre
150 g de carottes
1 poireau moyen
120 g de chou vert
70 g de pak choï
Le jus de ½ citron
Sel & poivre du moulin

Semoule
200 g de semoule de couscous complet
200 ml d'eau
4 c. à s. d'huile d'olive

Pour servir
12 branches de coriandre

1. Préchauffez le four à 90 °C. Évidez le citron confit. Écrasez les écorces à la fourchette avec l'huile d'olive. Enduisez les pavés de saumon de ce mélange puis emballez-les hermétiquement dans du papier cuisson pour faire une papillote. Enfournez 40 minutes.

2. Épluchez et émincez l'oignon, hachez l'ail et le gingembre. Taillez les carottes en rondelles de 2 cm. Émincez les feuilles de chou vert en enlevant les nervures les plus dures. Émincez grossièrement le pak choï et le poireau. Effeuillez et ciselez la coriandre.

3. Faites chauffer 1 cuillerée à soupe d'huile sur feu moyen dans une cocotte et faites suer l'oignon 5 minutes. Ajoutez l'ail, le gingembre et la cuillerée à soupe de ras el-hanout, mélangez et faites cuire encore 1 minute. Délayez la Maïzena® dans l'eau froide. Versez les tomates concassées et la préparation eau-Maïzena® dans la cocotte. Mélangez et faites mijoter 10 minutes sur feu moyen. Hors du feu, ajoutez les olives et mélangez. Rectifiez l'assaisonnement avec du sel et du poivre.

4. Faites chauffer 2 cuillerées à soupe d'huile dans une sauteuse sur feu moyen, faites sauter les carottes 5 à 10 minutes, puis le poireau émincé 5 minutes. Ajoutez le chou vert et le pak choï, 3 cuillerées à café de ras el-hanout, 1 pincée de sel et faites sauter encore 5 minutes. Ajoutez le jus de citron, mélangez et ajoutez les légumes à la sauce tajine. Parsemez la coriandre ciselée, mélangez et réservez.

5. Faites bouillir l'eau pour la semoule avec 1 pincée de sel. Versez la semoule dans un grand saladier avec l'huile d'olive, mélangez à sec. Ajoutez l'eau bouillante et couvrez le bol de film alimentaire. Laissez gonfler la semoule 10 minutes. Retirez le film et égrenez le couscous en grattant délicatement avec une fourchette. Salez, poivrez et dressez les assiettes parsemées de coriandre ciselée.

Paléo saumon & légumes

4 · 1 h · P E A H

Pickles d'oignon rouge
1 oignon rouge
60 ml de vinaigre blanc
30 g de miel
90 ml d'eau
Saumon
4 filets de saumon sans peau (120 g chacun)
Le zeste râpé de 1 citron bio
½ gousse d'ail épluchée
Sel & poivre du moulin
Légumes sautés
800 g de chou blanc (ou un autre chou selon la saison)
400 g de carottes
Le jus de 1 citron vert
Sauce
90 g de purée d'amandes
Le jus de 1 citron vert
1 pincée de cumin moulu
70 ml d'eau
Pour servir
40 g de graines de tournesol
1 oignon cébette
1 citron

1. La veille, épluchez et émincez finement l'oignon rouge. Mélangez-le dans un bol avec le vinaigre, le miel et l'eau. Laissez mariner 12 heures au frais.

2. Préchauffez le four à 90 °C. Hachez l'ail. Mélangez-le avec le zeste de citron, salez et poivrez. Parsemez les filets de saumon de ce mélange, disposez-les sur une plaque recouverte de papier cuisson et enfournez 40 minutes.

3. Éliminez le cœur dur du chou blanc, émincez les feuilles de chou et râpez les carottes. Mélangez avec le jus de citron vert. Faites sauter 2 minutes dans une grande poêle sur feu fort sans matière grasse. Réservez au chaud.

4. Mélangez la purée d'amandes avec le jus de citron vert, le cumin, l'eau, salez et poivrez. Émincez la cébette.

5. Effilochez les filets de saumon. Servez le saumon avec le mélange chou et carottes sautés, et les pickles d'oignon rouge. Arrosez de sauce aux amandes et parsemez de cébette et de graines de tournesol. Accompagnez de 1 quartier de citron.

NUTRI-SCORE A B C D E

B ECO SCORE

L'astuce santé !

Le régime paléo consiste à adopter la même alimentation que nos ancêtres du Paléolithique : davantage de protéines, un rapport oméga 6 / oméga 3 près de 10 fois inférieur à une alimentation classique, moins de glucides par éviction du sucre raffiné et du lactose, et des ingrédients qui existaient déjà dans la nature avant l'agriculture.

Lieu, carottes & chou-fleur à la crème d'amandes

4

35 min

A H

4 filets ou pavés de lieu noir (120 g chacun)
1 c. à s. d'huile d'olive

Chou-fleur rôti
750 g de chou-fleur
1 c. à s. d'huile d'olive
1 pincée de curcuma
Sel & poivre du moulin

Purée de carottes
1 oignon jaune
450 g de carottes
1 c. à s. d'huile d'olive
1 pincée de cumin moulu
1 noix de beurre
75 g de préparation culinaire à l'amande

Crème d'amandes
Le jus de ½ citron
80 g de purée d'amandes
35 g de préparation culinaire à l'amande
50 ml d'eau

Pour servir
20 g d'amandes entières
1 citron

1. Préchauffez le four à 180 °C. Détaillez le chou-fleur en morceaux. Faites-les cuire à la vapeur en les gardant croquants. Mélangez-les avec l'huile d'olive et le curcuma. Salez et poivrez. Étalez sur une plaque recouverte de papier cuisson et enfournez 10 à 15 minutes jusqu'à obtenir une légère coloration.

2. Épluchez et ciselez l'oignon jaune, taillez les carottes en rondelles. Faites chauffer l'huile dans une poêle sur feu moyen et faites suer l'oignon et le cumin quelques minutes, en remuant. Ajoutez les rondelles de carotte, un peu d'eau, couvrez et laissez cuire jusqu'à tendreté. Mixez et ajoutez la noix de beurre et la préparation culinaire à l'amande. Réservez.

3. Arrosez les filets de lieu d'huile d'olive et disposez-les sur une plaque recouverte de papier cuisson. Salez et poivrez. À l'issue de la cuisson du chou-fleur, baissez la température du four à 170 °C et enfournez les filets de poisson en papillote 10 minutes environ, selon l'épaisseur.

4. Mélangez la purée d'amandes avec le jus de citron, la préparation culinaire à l'amande et l'eau. Salez et poivrez. Concassez grossièrement les amandes entières. Coupez le citron en quartiers.

5. Servez les filets de lieu avec le chou-fleur rôti, la purée de carottes, un quartier de citron et arrosez le tout de crème aux amandes. Parsemez d'amandes concassées.

NUTRI-SCORE A B C D E

B ECO SCORE

PALLARES
SOLSONA

Bluffantes aiguillettes végétales à la basquaise

4 | 30 min | P E A H

300 g d'aiguillettes végétales
300 g de riz complet
1 c. à s. d'huile d'olive
1 oignon jaune
50 ml de vin blanc
4 branches de thym
2 feuilles de laurier
1 gousse d'ail épluchée
1 petit piment frais
300 g de poivrons rouges grillés en bocaux
400 g de tomates concassées en bocal
¼ de botte de persil
Sel & poivre du moulin

1. Faites cuire le riz dans un grand volume d'eau salée ou au cuiseur à riz.

2. Taillez les poivrons grillés en fines lamelles. Épluchez et ciselez l'oignon, hachez l'ail, émincez finement le piment, ciselez le persil.

3. Faites chauffer l'huile dans une poêle sur feu moyen et faites suer l'oignon pendant quelques minutes. Ajoutez le vin blanc et laissez cuire jusqu'à évaporation. Faites dorer les aiguillettes dans la même poêle et ajoutez le thym, le laurier, l'ail, le piment, les poivrons et les tomates concassées. Salez, poivrez et laissez mijoter 15 minutes.

4. Servez le riz avec les aiguillettes et la sauce chaude, parsemé de persil ciselé.

5. Bluffez vos invités, conformément au titre de cette recette.

L'astuce écolo !

Les substituts à la viande ne sont pas du tout indispensables dans le cadre d'une alimentation flexitarienne bien conduite, mais ils ont le mérite d'apporter une texture proche de la viande et sont intéressants d'un point de vue nutritionnel car riches en protéines.

NUTRI-SCORE A B C D E

A ECO SCORE

Vos mains sont pleines de farine
de lupin et vous ne voulez pas
abîmer le livre pendant que
vous cuisinez ? Essuyez-les
sur le torchon ci-dessus
avant de tourner les pages.

Burger aux insectes

NUTRI-SCORE A B C D E

ECO SCORE

4 | 1 h 15 | P E A H

4 buns pour burger vegan
Potatoes
750 g de grosses pommes de terre
2 c. à s. d'huile d'olive
2 c. à s. de graines de chanvre
Compotée d'oignons
3 gros oignons rouges
2 c. à s. d'huile
2 c. à s. de miel
Galettes
1 oignon jaune
4 c. à s. d'huile d'olive
120 g de carottes
100 g de betterave
60 g d'insectes déshydratés
80 g de pois chiches en bocal (poids net égoutté)
80 g de haricots rouges en bocal (poids net égoutté)
1 c. à c. de curcuma moulu
1 c. à c. de piment doux en poudre
Sel & poivre du moulin
Mayonnaise végétale
100 g de tofu soyeux nature
2 c. à c. d'huile d'olive
2 c. à s. de vinaigre de cidre
1 gousse d'ail épluchée
4 branches de persil plat
Garniture
4 gros cornichons aigres-doux
80 g de « feta » végétale aux herbes
1 poignée de roquette ou d'une autre salade de saison

1. Préchauffez le four à 180 °C. Taillez les pommes de terre en grosses frites en gardant la peau. Enrobez-les d'huile, de graines de chanvre et salez. Étalez-les sur une plaque recouverte de papier cuisson et enfournez 30 minutes environ.

2. Émincez l'oignon jaune et les oignons rouges, râpez finement les carottes et la betterave. Hachez finement l'ail et le persil plat effeuillé.

3. Faites suer les oignons rouges avec l'huile et le miel environ 15 minutes jusqu'à ce qu'ils soient compotés.

4. Dans une poêle, faites dorer l'oignon jaune dans 2 cuillérées à soupe d'huile, salez et poivrez, puis ajoutez les carottes et faites cuire jusqu'à tendreté, en mélangeant régulièrement. Réservez.

5. Dans un robot, mixez les insectes déshydratés en poudre. Ajoutez les pois chiches et les haricots rouges préalablement égouttés et rincés. Mixez jusqu'à obtenir une pâte homogène. Débarrassez dans un saladier. Ajoutez le mélange oignon-carottes, la betterave râpée, le curcuma, le piment et 1 pincée de sel. Mélangez et formez 4 galettes de 2 cm d'épaisseur. Faites-les colorer dans la poêle sur les deux faces dans le reste d'huile. Réservez au chaud.

6. Mixez le tofu jusqu'à consistance lisse, et incorporez tous les autres ingrédients de la mayonnaise végétale, salez et poivrez. Réservez au frais.

7. Tranchez finement les cornichons, émiettez la « feta ». Coupez les buns en deux dans l'épaisseur. Faites-les légèrement chauffer au four. Sur la partie inférieure des buns, répartissez la compotée d'oignons, disposez 1 galette chaude, les cornichons, la « feta » et 1 petite poignée de roquette. Sur la partie supérieure des buns, étalez la moitié de la mayonnaise végétale. Refermez les burgers et dégustez-les sans attendre, accompagnés de potatoes et de mayonnaise.

L'astuce écolo !

C'est très simple : les insectes ont le pouvoir de réduire considérablement l'impact environnemental de notre alimentation occidentalisée.

- Leur élevage nécessite peu de ressources.
- Leur croissance est rapide.
- Leurs qualités nutritionnelles sont excellentes.
- Leurs goûts et textures offrent une variété jusqu'ici inégalée !

Spaghettis de konjac à la bolognaise veggie

NUTRI-SCORE A B C D E

A ECO SCORE

4 · 45 min · P E A H

500 g spaghettis de konjac

Sauce

2 c. à s. d'huile d'olive
1 oignon jaune
1 gousse d'ail
4 branches de thym effeuillées
2 feuilles de laurier
300 g de carottes
1 c. à c. levure maltée
1 c. à c. de câpres
400 g de tomates concassées en bocal
400 g de pois chiches au naturel
Sel & poivre du moulin

Pour servir

1 c. à s. de sauce soja ou tamari
1 c. à s. de graines de chanvre
½ botte de persil plat

1. Ciselez le persil. Faites sauter le chanvre et la sauce soja dans une poêle sur feu moyen jusqu'à évaporation.

2. Taillez les carottes en petits dés. Épluchez et ciselez l'oignon et l'ail, hachez les câpres et effeuillez le thym. Faites chauffer l'huile dans une poêle sur feu moyen et faites suer l'oignon, l'ail, le thym et le laurier pendant quelques minutes. Ajoutez les carottes, salez, et poursuivez la cuisson jusqu'à tendreté. Incorporez la levure maltée, les câpres et les tomates concassées. Laissez mijoter 30 minutes jusqu'à ce que la sauce soit nappante.

3. Rincez et égouttez les pois chiches et incorporez-les à la sauce tomate. Poursuivez la cuisson 10 minutes. Donnez un tour de moulin à poivre, rectifiez l'assaisonnement et ajoutez 1 cuillerée à soupe d'huile d'olive si besoin.

4. Rincez les spaghettis de konjac sous l'eau froide et incorporez-les à la sauce tomate aux pois chiches (inutile de les faire cuire). Servez parsemé de graines de chanvre au tamari et de persil.

L'astuce santé !

Le konjac est issu d'une plante originaire d'Asie de la famille des *Araceae*. C'est un aliment très peu calorique, riche en fibres, et avec un indice glycémique bas. Il s'intègre parfaitement dans une alimentation cétogène ou *low carb* (faible en glucides).

Salade de konjac aux agrumes

NUTRI-SCORE A B C D E

A ECO SCORE

4 | 15 min | P E

160 g de petits pois surgelés ou 450 g de petits pois frais
½ botte de radis roses
300 g de riz de konjac
1 échalote
Le jus de 1 citron
Le jus de ½ orange
4 c. à s. d'huile d'olive
Sel & poivre du moulin

1. N'ayez aucune pitié pour les petits pois écossés et plongez-les 30 secondes dans une casserole d'eau bouillante salée (c'est triste mais c'est comme ça), égouttez-les et plongez-les dans de l'eau glacée pour qu'ils gardent leur croquant et leur couleur verte.

2. Rincez le riz de konjac, nul besoin de le faire cuire ! Équeutez et taillez les radis en rondelles fines. Épluchez et ciselez finement l'échalote, puis mélangez avec le jus de citron, le jus d'orange et l'huile d'olive.

3. Mélangez le riz de konjac, les petits pois et les rondelles de radis avec la sauce aux agrumes, assaisonnez de sel et de poivre.

L'astuce santé !

Plante d'origine asiatique, le konjac compte parmi les aliments traditionnels japonais. Il est présent en Europe souvent sous forme de pâtes et de riz. Inutile de le cuire, contentez-vous de le rincer abondamment puis de l'assaisonner avec une sauce goûteuse et enrobante, car seul, il n'a aucun goût.

Falafel bowl au CBD

NUTRI-SCORE A B C D E

A ECO SCORE

4 — 45 min — A H

12 falafels ou boulettes de légumineuses (30 g chacune environ)
80 g de pousses d'épinard (ou autres pousses ou feuilles de salade verte selon la saison)
1 c. à s. de graines de chanvre

Butternut rôti
700 g de butternut
1 c. à s. d'huile d'olive
Sel & poivre du moulin

Quinoa
250 g de quinoa
2 c. à s. d'huile de chanvre
Le jus de ½ citron
4 branches de persil

Sauce
Le jus de ½ citron
8 à 12 gouttes d'huile de CBD
1 c. à c. d'huile de colza

1. Préchauffez le four à 180 °C. Épluchez (ou pas !) le butternut, retirez les graines et coupez la chair en gros dés. Étalez-les sur une plaque recouverte de papier cuisson, arrosez d'huile d'olive, assaisonnez de sel, poivre et enfournez 30 minutes jusqu'à tendreté et légère coloration. Sortez la plaque, posez les falafels et enfournez 10 minutes afin de les réchauffer.

2. Dans une sauteuse, disposez le quinoa et couvrez-le à hauteur d'eau légèrement salée. Couvrez et laissez cuire à feu doux jusqu'à absorption totale. Vérifiez la cuisson : si le quinoa est trop croquant, ajoutez un peu d'eau et poursuivez la cuisson quelques minutes. Le grain doit être tendre mais pas mou. Mélangez avec l'huile de chanvre, le jus de citron et le persil effeuillé et ciselé.

3. Mélangez le jus de citron avec l'huile de CBD et l'huile de colza.

4. Servez le quinoa avec les morceaux de butternut rôti, 3 falafels par personne et des pousses d'épinard. Arrosez le tout de sauce au CBD et de graines de chanvre.

L'astuce écolo !

Le chanvre est une plante rustique et résistante, adaptée à nos climats, et qu'on peut utiliser en totalité : les tiges pour faire du textile, les graines pour l'alimentation ou pour en faire de l'huile, les fleurs pour des infusions...

Salade de poulet au CBD

NUTRI-SCORE A B C D E

B ECO SCORE

4 — 45 min — P E A H

200 g de pousses d'épinard (ou autres pousses ou salades selon la saison)

Poulet
400 g de filets de poulet
2 c. à s. d'huile d'olive
1 branche de romarin

Patates douces rôties
800 g de patates douces
0,5 g de mélange cajun en poudre
2 c. à s. d'huile d'olive

Chips de jambon
150 g de jambon sec

Vinaigrette
4 c. à s. d'huile de cameline (ou de colza)
1 c. à s. de vinaigre de cidre
Le jus de ½ citron
12 gouttes d'huile de CBD
Sel & poivre du moulin

1. Épluchez les patates douces, taillez-les en gros cubes, enrobez-les de mélange cajun et d'huile d'olive, salez et étalez-les sur une plaque recouverte de papier cuisson. Enfournez 25 minutes environ à 180 °C jusqu'à ce que les patates douces soient tendres et légèrement dorées. Débarrassez et laissez refroidir.

2. Disposez le jambon sur une plaque à pâtisserie ou une plaque de four recouverte de papier cuisson, disposez un second papier cuisson dessus puis, si possible, une seconde plaque à pâtisserie (à défaut, un plat allant au four pourra servir de poids). Faites cuire 10 minutes à 200 °C jusqu'à ce que le jambon soit grillé. À froid, cassez les chips de jambon avec les mains.

3. Effeuillez le romarin et hachez-le finement. Enrobez les filets de poulet d'huile et de romarin. Faites cuire 20 minutes à la vapeur. Laissez tiédir et taillez-les en lamelles.

4. Mélangez l'huile de cameline, le vinaigre de cidre, le jus de citron et l'huile de CBD. Salez et poivrez.

5. Servez les pousses d'épinard avec les patates douces rôties, les chips de jambon, les lamelles de poulet arrosées de vinaigrette.

L'astuce santé !

Le CBD est un cannabinoïde (substance chimique) extrait d'une plante : le chanvre, aussi appelé « cannabis » en latin.
À la différence du THC, il n'altère pas les sens, mais il est étudié avec intérêt pour ses nombreuses vertus thérapeutiques. Ses pouvoirs : il est relaxant, déstressant, apaisant et antioxydant !

Space Cookie

Allo Houston ? On n'a pas de problème.

4 | 2 h 25 | P E A H

NUTRI-SCORE A B C D E

D ECO SCORE

40 g de beurre pommade
8 à 12 gouttes d'huile de CBD
15 g de sucre complet rapadura
15 g de sucre de canne
1 pincée de fleur de sel
55 g de farine de blé T55
2 g de poudre à lever
2 g de thé vert matcha
20 g de poudre d'amandes
8 g de cranberries
30 g de cacahuètes grillées salées
30 g de pépites de chocolat blanc (ou chocolat blanc haché)
1 petit œuf

1. Mélangez le beurre avec l'huile de CBD. Fouettez avec les sucres et la fleur de sel pour obtenir une consistance homogène. Ajoutez la farine, la poudre à lever et le thé matcha, mélangez. Ajoutez la poudre d'amandes, les cranberries, les cacahuètes, les pépites de chocolat blanc et l'œuf, mélangez.

2. Formez un cylindre avec la pâte, enveloppez dans du film alimentaire et laissez reposer au moins 2 heures au frais.

3. Préchauffez le four à 160 °C. Coupez des rondelles de 2 cm d'épaisseur. Disposez-les sur une plaque recouverte de papier cuisson en les espaçant de quelques centimètres. Enfournez 10 minutes, puis laissez refroidir sur la plaque.

4. Détendez-vous.

L'astuce gourmande !

En cuisinant avec de l'huile de CBD, ne cherchez pas à obtenir un goût caractéristique, il faudrait en mettre une quantité bien trop importante ! Comptez 2 ou 3 gouttes maximum d'huile de CBD par personne, que vous incorporez à la recette.

Mousse au chocolat vegan
(à partager avec vous-même)

4 | 25 min | P E A H

100 ml de boisson végétale au soja
150 g de chocolat noir pâtissier à 70 % de cacao
90 g de substitut végétal au blanc d'œuf
30 g de sucre de canne

NUTRI-SCORE A B C D E

ECO SCORE C

1. Portez la boisson végétale à ébullition dans une casserole. Stoppez la cuisson et ajoutez le chocolat noir cassé en morceaux. Laissez reposer 10 minutes afin de faire fondre le chocolat, puis fouettez pour obtenir un mélange homogène. Placez au réfrigérateur pour laisser refroidir complètement.

2. Fouettez pendant 15 minutes à vitesse maximale le substitut au blanc d'œuf avec le sucre. Vous obtiendrez un résultat proche des blancs en neige.

3. Incorporez la « neige végétale » à la crème au chocolat, en 3 fois, en mélangeant délicatement entre chaque ajout sans faire retomber la mousse. Placez au frais avant de servir pour raffermir l'ensemble.

4. Excusez-vous auprès de vos invité.es car vous avez tout mangé avant qu'ils puissent goûter.

L'astuce écolo !

Ne videz pas l'eau de votre bocal de pois-chiches dans l'évier ! En effet, ce liquide qu'on appelle aquafaba peut être utilisé comme un substitut végétal au blanc d'œuf. Il vous faudra un peu plus d'huile de coude pour le monter en neige, mais vos mousses au chocolat végétales seront délicieuses et riches en protéines.

Financier vegan citron huile d'olive

6

30 min

P E A H

220 g de substitut végétal au blanc d'œuf
120 g de farine de blé T55
3 g de poudre à lever
100 g de poudre d'amandes
220 g de sucre
Le zeste râpé de 1 citron bio
45 g d'huile de coco
75 g d'huile d'olive + 5 g pour les moules

1. Préchauffez le four à 160 °C.

2. Dans un saladier, placez tous les ingrédients sauf les huiles. Mélangez pour obtenir un appareil bien lisse. Ajoutez l'huile de coco fondue et l'huile d'olive, mélangez afin de bien homogénéiser.

3. Répartissez l'appareil dans un moule de taille adaptée (3 cm de hauteur), préalablement huilé. Enfournez 25 minutes. Laissez refroidir avant de démouler.

4. Souvenez-vous qu'à n'importe quel moment, quelque part dans le monde, c'est l'heure du goûter.

L'astuce santé !

La pâtisserie vegan présente l'intérêt d'être moins impactante sur notre environnement, à condition de ne pas utiliser d'huile de palme ! Elle est aussi moins mauvaise pour la santé car elle contient moins d'acides gras saturés. Certes, ce financier a un Nutri-Score D mais dans sa version classique il aurait un E !

NUTRI-SCORE A B C D E

B ECO SCORE

Flan à la farine de panais

4 | 1 h 10 | P E A H

60 g de farine de panais
500 ml de lait d'amande
2 g d'agar-agar
60 g de sirop d'agave
1 pincée de cannelle
Noix de coco râpée

1. Mélangez la farine de panais, le lait d'amande, l'agar-agar, le sirop d'agave et la cannelle. Dans une casserole, portez ce mélange à ébullition sans cesser de fouetter. Laissez cuire 2 minutes sur feu doux.

2. Versez dans 4 bols ou ramequins et réservez 1 heure au réfrigérateur. Servez frais, saupoudré de noix de coco râpée.

L'astuce santé !

La farine de panais permet d'enrichir simplement et naturellement vos desserts (ou cakes salés) en nutriments bénéfiques pour la santé. Elle est riche en fibres et en micronutriments, dotée d'un indice glycémique plus bas qu'une farine classique, riche en protéines végétales complètes et apporte un goût subtil à vos préparations, notamment aux desserts.

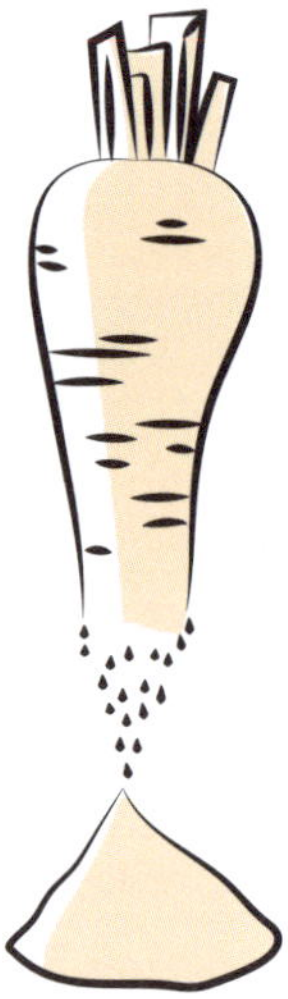

NUTRI-SCORE A B C D E

B ECO SCORE

Houmous sucré choco-cacahuète

NUTRI-SCORE C

ECO SCORE C

4 — 5 min — P E A H

250 g de pois chiches en bocal (poids net égoutté)
50 g de purée de cacahuètes non sucrée
10 g d'huile de coco
50 g de sirop d'érable
50 ml de lait de coco
40 g de pépites de chocolat

1. Rincez et égouttez les pois chiches. Mixez-les avec la purée de cacahuètes, l'huile de coco (légèrement chauffée si besoin pour la rendre liquide), le sirop d'érable et le lait de coco.

2. Ajoutez les pépites de chocolat et mélangez.

3. Ça y est, c'est déjà fini !

L'astuce gourmande !

Attention : dessert pour aventurier·ère·s ! La cuisine japonaise utilise des haricots rouges dans ses gâteaux, alors pourquoi ne pas utiliser des pois chiches pour une crème dessert ? Sucrez un peu plus selon votre goût !

Crème soyeuse au chocolat & coulis orange-mangue

4 — 1 h 20

165 g de chocolat noir à 70 % de cacao
130 ml de lait de coco
110 g de préparation culinaire au soja
1 orange bio
1 petite mangue
½ c. à s. de jus de citron vert
20 g de sucre de canne

1. Hachez le chocolat et disposez-le dans un grand bol. Dans une casserole, portez le lait de coco et la préparation au soja à frémissement, versez sur le chocolat haché en fouettant doucement afin de bien mélanger. Laissez refroidir.

2. Zestez l'orange et pressez-la. Épluchez et taillez la mangue en dés. Dans une casserole, faites cuire les dés de mangue avec le jus de citron vert, le jus d'orange et le sucre. Laissez cuire 10 minutes sur feu doux, ajoutez le zeste d'orange et mixez. Réservez au frais.

3. Fouettez la crème de coco au chocolat au batteur pour lui donner une texture aérienne. Réservez environ 1 heure au frais.

4. Servez la crème choco avec le coulis.

L'astuce écolo !

Privilégiez les mangues d'Espagne en saison – elle est courte (d'août à novembre) – et fuyez les mangues d'Amérique du Sud, particulièrement celles qui arrivent par avion, dont l'impact environnemental est catastrophique en raison de leur mode de transport et de la distance des lieux de production.

Panna cotta miel-basilic

4 | 1 h 15 | P E A H

80 ml de lait entier
450 g de yaourt de brebis nature
60 g de miel
2 g d'agar-agar
40 ml d'huile d'olive
4 branches de basilic

1. Versez le lait dans une casserole, ajoutez le miel et l'agar-agar. Fouettez tout en portant à ébullition. Laissez frémir 1 minute puis arrêtez la cuisson. Ajoutez le yaourt, fouettez bien afin d'obtenir une crème lisse.

2. Versez dans 4 ramequins et placez au frais au moins 1 heure pour que la préparation prenne.

3. Mixez les feuilles de basilic avec l'huile d'olive pour obtenir une jolie huile verte. Versez de l'huile de basilic sur les crèmes prises au moment de servir.

NUTRI-SCORE A B C D E

ECO SCORE C

L'astuce santé !

L'agar-agar est un gélifiant végétal qui provient d'une algue rouge. Utilisé au Japon depuis des siècles, il est aujourd'hui facile à trouver. Il permet de se passer de gélatine animale et contient même des minéraux : calcium, potassium, zinc…

Douceur végétale amandes & fruits rouges

4

5 min

P E A H

300 g de dessert végétal au soja nature
40 g de miel
20 g de sucre de canne
60 g de purée d'amandes
100 g de fruits rouges frais ou surgelés
2 c. à s. de sirop d'agave
Un peu d'eau

1. À l'aide d'un fouet, mélangez le dessert végétal avec le miel, le sucre et la purée d'amandes jusqu'à obtenir une consistance bien lisse.

2. Dans un blender, mixez les fruits rouges et le sirop d'agave, et détendez avec un peu d'eau jusqu'à obtenir la consistance d'un coulis.

3. Servez la douceur avec le coulis de fruits rouges.

NUTRI-SCORE A B C D E

B ECO SCORE

L'astuce gourmande !

N'hésitez pas à avoir dans votre congélateur des fruits rouges, même en hiver. Ils sont riches en antioxydants et s'utilisent très facilement : dans vos yaourts ou fromages blancs ou, comme ici, pour réaliser un coulis maison express et peu sucré.

Dessert mangue-coco-et-puis-c'est-tout !

4 | 1 h 15 | E A H

460 ml de lait de coco
30 g de sucre de canne
35 g de Maïzena®
1 grosse mangue
Noix de coco râpée

1. Mélangez le lait de coco, le sucre et la Maïzena®. Dans une casserole, faites cuire ce mélange à feu doux sans cesser de fouetter jusqu'à ce que la crème épaississe. Versez dans des bols ou des verres. Réservez 1 heure au réfrigérateur.

2. Épluchez et taillez la mangue en petits dés. Répartissez les dés de mangue sur les crèmes refroidies. Parsemez de noix de coco râpée.

3. Et puis c'est tout !

L'astuce santé !

L'huile de coco est composée essentiellement d'acides gras saturés, que l'on consomme aujourd'hui en excès. Toutefois, ils ont la particularité d'être utilisés rapidement par l'organisme, ils présentent donc un intérêt dans le cadre d'une alimentation cétogène ou faible en glucides.

NUTRI-SCORE A B C D E

ECO SCORE A

Brownie au tofu soyeux (comme vos cheveux)

4 — 30 min

P E A H

200 g de chocolat noir à 70 % de cacao
20 g d'huile de coco
285 g de tofu soyeux
90 g de sucre de coco complet
3 pincées de bicarbonate de soude
1 pincée de cannelle
60 g de farine de riz
90 g de noix de pécan
Huile de tournesol pour le moule

1. Cassez le chocolat en morceaux et faites-le fondre au bain-marie avec l'huile de coco. Mixez le tofu soyeux jusqu'à former une sorte de crème bien lisse. Mélangez tous les ingrédients en gardant la moitié des noix de pécan de côté.

2. Préchauffez le four à 180 °C. Versez l'appareil dans un moule à gâteau de taille adaptée préalablement huilé : le brownie doit mesurer environ 3 cm d'épaisseur. Disposez le reste des noix de pécan sur le dessus et enfournez 15 à 18 minutes à 170 °C.

3. Si le brownie colore trop rapidement, couvrez-le d'une feuille de papier cuisson et baissez à 160 °C pour terminer la cuisson. Laissez refroidir avant de couper le brownie en parts.

L'astuce gourmande !

En refroidissant, le chocolat durcit… sans compter qu'un gâteau, à la sortie du four, continue à cuire grâce à la chaleur accumulée. Moralité : si vous aimez votre brownie bien fondant, n'attendez pas la fameuse pointe de couteau qui ressort propre, au contraire !

NUTRI-SCORE A B C D E

ECO SCORE C

Cake marbré vegan

Nutri-Score D — Eco-Score B

6 · 1 h · P E A H

240 g de dessert végétal au soja nature
75 g de purée d'amandes
45 ml d'huile d'olive + 5 ml pour le moule
100 g de sucre blond de canne
165 g de farine de blé T55
9 g de poudre à lever
60 g de chocolat noir à 70 % de cacao

1. Préchauffez le four à 160 °C.

2. À l'aide d'un fouet, mélangez tous les ingrédients sauf le chocolat jusqu'à obtenir une texture homogène. Divisez l'appareil en deux.

3. Cassez le chocolat en morceaux et faites-le fondre au bain-marie. Incorporez le chocolat fondu à une moitié d'appareil.

4. Graissez un moule à cake de taille adaptée avec l'huile d'olive et versez alternativement un peu de chaque appareil : le moule doit être rempli aux deux tiers maximum. Donnez 2 ou 3 coups de cuillère pour créer les marbrures.

5. Enfournez environ 45 minutes à 150 °C. Laissez refroidir avant de démouler le cake.

L'astuce gourmande !

La pâtisserie vegan a la vertu d'être plus écologique car elle a n'a pas recours aux produits animaux. Attention toutefois à la provenance et à la qualité des ingrédients sur lesquels elle s'appuie… Enfin, elle est tout aussi gourmande et… calorique, même si elle contient généralement moins d'acides gras saturés que la pâtisserie traditionnelle.

ROGER
ORFEVRE

Muffin aux épices douces avoine-myrtille

4 — 35 min

Muffins
45 g de flocons d'avoine
45 g de cerneaux de noix
45 g de farine de petit épeautre
1 pincée de curcuma moulu
1 pincée de cardamome moulue
1 pincée de poivre noir du moulin
2 g de poudre à lever
1 pincée de bicarbonate de soude
30 ml d'huile d'olive + pour les moules
50 g de yaourt nature
1 gros œuf
180 g de banane
50 g de miel
80 g de myrtilles fraîches ou surgelées

Topping
4 g d'huile de coco
15 g de flocons d'avoine
6 g de miel

1. Préchauffez le four à 180 °C.

2. Mixez les flocons d'avoine et les noix pour obtenir une poudre grossière. Mélangez avec la farine, les épices, la poudre à lever et le bicarbonate de soude. Épluchez la banane, mixez-la avec l'huile d'olive, le yaourt, l'œuf et le miel.

3. Mélangez les ingrédients secs avec le mélange à la banane, à la cuillère, pour obtenir une pâte fluide. Ajoutez délicatement les myrtilles (encore surgelées si vous avez choisi des myrtilles surgelées) sans trop mélanger, il faut juste les répartir dans la pâte. Versez la pâte dans des moules à muffin préalablement huilés.

4. Mélangez les ingrédients du topping et parsemez-en chaque muffin. Enfournez 20 minutes. Vérifiez la cuisson en piquant un muffin avec la pointe d'un couteau. Si elle en ressort sèche, sortez les muffins du four et laissez tiédir avant de démouler. Sinon, prolongez la cuisson de 5 minutes et vérifiez de nouveau.

L'astuce gourmande !

L'utilisation des épices dans les desserts se limite souvent à la cannelle et au gingembre. Dans cette recette, le curcuma, la cardamome et le poivre (bien dosés !) apporteront une touche originale à vos muffins.

Moelleux au chocolat à la vapeur

4 | 25 min | P E A H

60 g de chocolat noir pâtissier à 70 % de cacao
110 g de sucre de canne
30 g de cacao en poudre
2 œufs
45 g de farine de maïs ou de riz
45 g de préparation culinaire au soja
Huile de tournesol pour les ramequins

1. Cassez le chocolat en morceaux et faites-le fondre au bain-marie.

2. Dans un saladier, mélangez au fouet les œufs battus avec le cacao, la farine de maïs, la préparation culinaire au soja et le sucre jusqu'à obtenir une texture de pâte lisse. Ajoutez le chocolat fondu.

3. Répartissez la préparation dans 4 petits ramequins, préalablement huilés. Faites cuire 16 minutes dans un cuit-vapeur ou dans une casserole équipée d'un panier vapeur et d'un couvercle.

NUTRI-SCORE A B C D E

ECO SCORE C

L'astuce gourmande !

Testez plusieurs marques et faites le choix qui vous convient le mieux. La cuisson à la vapeur apporte un moelleux incomparable à cette recette et une texture fondante homogène. La clé de la réussite de ce dessert dépend de la qualité du chocolat.

Clafoutis mirabelles-amande

6 | 50 min | A E

600 g de mirabelles
1 c. à s. d'huile d'olive
+ 1 c. à c. pour le moule
120 g de farine de blé T55
350 ml de lait d'amande
4 œufs
75 g de sucre de canne
½ gousse de vanille

NUTRI-SCORE A B C D E

B ECO SCORE

1. Ouvrez la gousse de vanille en deux et récupérez l'or noir.

2. Si le cœur vous en dit, dénoyautez les mirabelles. Dans une poêle, faites-les revenir rapidement avec l'huile d'olive. Disposez-les au fond d'un moule à gâteau de taille adaptée, préalablement huilé.

3. Préchauffez le four à 190 °C. Mélangez délicatement le reste des ingrédients juste pour les assembler (ne les fouettez pas) et versez sur les mirabelles. Enfournez 35 minutes à 180 °C. Laissez refroidir avant de couper en parts.

L'astuce santé !

Les boissons végétales (amande, cajou, avoine, riz) qui se substituent au lait sont simples à trouver désormais. Toutefois, elles sont de qualité inégale. Privilégiez celles avec des listes d'ingrédients courtes (attention aux additifs et aux sucres ajoutés) et qui contiennent la plus forte proportion de l'ingrédient dont elles sont issues.

Gâteau superfood bananes & graines & bon appétit

6 — 45 min — P E A H

170 g de petits flocons d'avoine
35 g de cerneaux de noix
35 g de graines de courge
35 g d'amandes effilées
230 ml de lait d'amande non sucré
1 gros œuf
3 petites bananes (380 g environ)
35 g de raisins secs blonds
60 g de beurre
70 g de sirop d'érable
1 c. à c. de bicarbonate de soude (6 g)
1 pincée de cannelle
1 pincée de sel fin

1. Préchauffez le four à 170 °C.

2. Mixez grossièrement dans un robot (ou, à défaut, hachez avec un couteau) les noix, les graines de courge et les amandes effilées. Mélangez aux flocons d'avoine.

3. À part, mixez grossièrement la chair de banane, les raisins secs, l'œuf et le lait d'amande.

4. Dans une casserole sur feu doux, faites fondre le sirop d'érable, le beurre, le bicarbonate de soude, la cannelle et le sel.

5. Réunissez les 3 préparations et mélangez-les de façon homogène. Versez dans un moule à cake préalablement graissé. Enfournez 30 minutes. Laissez le gâteau refroidir avant de le démouler.

6. Souhaitez-vous un bon appétit.

L'astuce santé !

Régalez-vous avec ce gâteau boosté en ingrédients superfood grâce aux noix, aux graines de courge et aux amandes, riches en bonnes graisses.

NUTRI-SCORE A B C D E

B ECO SCORE

PALLARES
SOLSONA
INOX

Petit gâteau au chocolat IG* bas

4 — 20 min — P E A H

150 g de chococolat noir au sucre de coco
40 g de sucre de coco
40 g de poudre d'amandes
40 g de farine de lupin
110 g de beurre
3 œufs

1. Retroussez-vous les manches.

2. Préchauffez le four à 180 °C.

3. Faites fondre le chocolat et le beurre au bain-marie. Hors du feu, ajoutez le sucre de coco, la poudre d'amandes et la farine de lupin, puis les œufs un à un. Mélangez.

4. Versez dans un moule à gâteau de taille adaptée (environ 2 cm de haut).

5. Enfournez pendant environ 10 minutes pour un gâteau coulant. Servez tiède.

*Indice glycémique

L'astuce santé !

La régulation de la glycémie est clé dans la gestion de la satiété, du poids et d'une bonne santé en général. Le sucre de coco a un index glycémique bien inférieur à celui du sucre de canne ou de betterave. Il permet de confectionner des desserts non pas moins caloriques mais tout de même plus intéressants sur le plan nutritionnel.

NUTRI-SCORE A B C D E

B ECO SCORE

X

Erreur

la recette *salade de bœuf thaï à la citronnelle* que vous avez demandée n'est plus disponible.

Dans le futur, on ne cuisinera plus **de bœuf, de cabillaud et d'avocat** car leur consommation a un impact négatif sur la planète.

Les pages détente :

Vous méritez bien de vous détendre un peu après avoir cuisiné les 60 recettes de ce livre pour un seul dîner.

Le formulaire adapté pour un dîner en toute sécurité

Lors d'un dîner, une déconvenue est vite arrivée. Pour vous protéger, veillez à faire signer le formulaire ci-dessous à chacun de vos invités avant d'entamer le repas.

FORMULAIRE GÉNÉRAL DE DÉCHARGE DE RESPONSABILITÉ

Je soussigné·e ....
Résidant..

Déclare être pleinement conscient.e des risques physiques et moraux engendrés par ma participation au dîner / cocktail dînatoire / buffet froid (rayez les mentions inutiles) qui se tiendra le .... à la table parfaitement décorée de .... résidant..

J'assume ces risques sous mon entière responsabilité et je déclare irrévocablement, tant moi pour moi-même que pour mes ayants droit, ne pas intenter d'action en justice contre les représentants de la table qui, j'insiste, est d'une élégance rare. Il est finlandais ce bougeoir, non ?

Par ailleurs, je certifie :
- Ne pas avoir froid aux yeux, même après avoir entendu la phrase suivante : « À point ou bien cuite votre galette d'insectes ? »
- Qu'un médecin du sport a émis un avis favorable à mon encontre pour la pratique du lever de fourchette.
- Ne présenter aucune allergie au blind-test spécial années 80.
- Ne pas prononcer de phrases qui mettent tout le monde mal à l'aise, telles que : « Moi, bah j'aime bien les pantacourts. »

Fait à.................
Le.....................

Pour préparer la disposition des invités, veuillez cocher une des cases ci-dessous :

☐ Je souhaite que l'avocat qui m'accompagne mange à mes côtés.
☐ Je souhaite que l'avocat qui m'accompagne mange à la table des avocats.
☐ Je n'ai pas d'avocat : j'opte pour un avocat commis d'office.
☐ Je ne souhaite pas d'avocat, c'est mauvais pour la planète, je l'ai lu page 34.

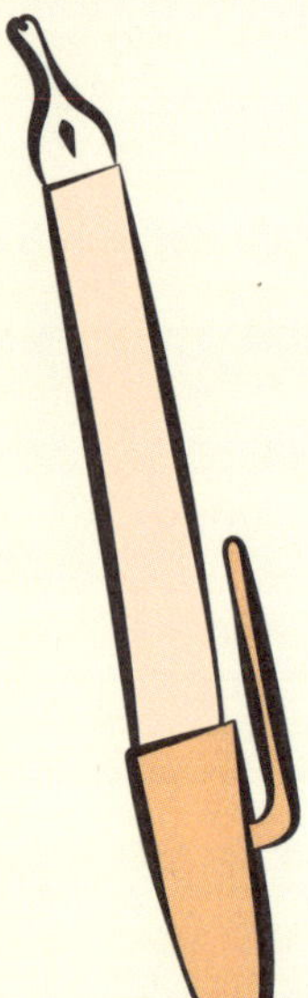

Les phrases pour briller à table

C'est le grand soir, vous avez invité votre patron.ne à dîner. Votre mission : faire impérativement bonne impression. Votre astuce : utiliser les phrases ci-dessous au milieu de vos conversations, comme si de rien n'était, pour susciter le respect, l'admiration et surtout l'augmentation.

Ma fille et ma passion ont le même nom : Permaculture.

Les trois mots de la langue française que je préfère ? Ferme en agroécologie.

JE SAIS DIRE "LÉGUMES NON CALIBRÉS" EN 48 LANGUES. ET VOUS ?

Pour quelle espèce en danger êtes-vous le/la plus inquiet·e : le cabillaud ou l'amour ?

Le seul additif que j'accepte de mettre dans mes plats, c'est la bienveillance.

C'ÉTAIT QUOI VOS PREMIERS MOTS ? MOI, À 11 MOIS, J'AI DIT "MERCI PAPA POUR CE JOUET EN BOIS ISSU DE FORÊTS ÉCO-GÉRÉES".

Pour produire 1 kilo d'avocats, il faut 1000 litres d'eau. Alors que pour produire 1000 kilos d'ennui, il faut 1 page de Kafka.

Le morceau que je vais vous interpréter à la harpe celtique s'appelle "Valse pour circuits courts en chou kale majeur".

"Nonobstant."

Quelle recette ratée êtes-vous ?

En tant que personne, vous êtes très réussie, tout le monde le dit. Mais quel serait votre intitulé si vous étiez une recette culinaire plutôt ratée ?
Pour le savoir, prenez les trois derniers chiffres de votre carte bleue et associez les trois colonnes ci-dessous.

0 - Mijoté de
1 - Brisures de
2 - Génoise de
3 - Sauté de
4 - Canapé de
5 - Compoté de
6 - Julienne de
7 - Rouelle de
8 - Croustade de
9 - Bowl de

0 - Viande de licorne AOP
1 - Saumon naturellement sans arête
2 - Légumes anciens dont nous avons oublié le nom
3 - Pelures d'oignons centenaires
4 - Mangue lardée
5 - Feta au chocolat
6 - Coquilles d'œuf plein air
7 - Kebab salade tomate oignon
8 - Carpaccio de tronc d'arbre
9 - Rien

0 - Sur son lit d'assiette en carton
1 - Sur son futon en coton
2 - Condiment aux larmes
3 - Et sa sauce absente
4 - 0% bio
5 - Façon "Complètement ratée"
6 - Al dente
7 - Al ibaba
8 - Al phabet numérique
9 - Cuisson "à l'incendie accidentel"

> **« Oh, quelle surprise, je suis une croustade de coquilles d'œuf plein air façon complètement ratée »**

Les mots mêlés magiques

Les 3 premiers mots que vous lisez dans la grille ci-dessous seront ceux prononcés par vos convives après avoir goûté *Le Burger aux insectes*. Garanti 100 % efficace.

D	É	R	O	U	T	A	N	T	B	O	N
É	B	O	F	O	R	I	G	I	N	A	L
L	E	B	O	N	I	F	D	O	U	X	Z
I	U	Z	U	K	S	A	I	U	B	O	F
C	R	A	T	É	T	M	N	T	D	L	B
I	K	B	O	N	E	E	G	C	O	O	L
E	X	Q	U	I	S	U	U	H	U	L	K
U	F	A	M	E	U	X	E	F	X	O	G
X	R	E	M	A	R	Q	U	A	B	L	E
F	Â	C	H	É	Z	H	I	D	E	U	X
Z	A	G	R	É	A	B	L	E	A	X	D
P	O	U	R	Q	U	O	I	?	U	E	Z

Questionnaire de satisfaction

Le dîner que vous avez organisé est terminé. Les invités s'apprêtent à partir, comme si de rien n'était. Avant qu'ils ne mettent en péril une règle élémentaire de politesse qui détruirait votre bonne entente, faites-leur remplir le document ci-dessous.

QUESTIONNAIRE DE SATISFACTION CULINAIRE

Dans un souci d'amélioration de la qualité des futurs dîners, nous vous prions de bien vouloir remplir cette enquête. Conformément à la loi informatique et Liberté du 6 janvier 1978, vous disposez d'un droit d'accès, de modification, de rectification et de suppression des données vous concernant. Mais honnêtement, merci de ne pas l'exercer, ça prend un temps fou tous ces papiers.

1 - Attribuez une note sincère à ce que vous avez dégusté. Attention, cette note doit impérativement être comprise entre 20 et 20 : ....

2 - En découvrant l'aménagement de la table, diriez-vous que vous avez été :

☐ Très satisfait·e
☐ Énormément satisfait·e
☐ Excessivement satisfait·e
☐ Stratosphériquement satisfait·e

3 - Parmi les animations proposées pendant le dîner, veuillez cocher celles que vous avez le plus appréciées :

☐ L'artiste qui a réalisé mon portrait en marbre de Carrare
☐ La reprise des *Lacs du Connemara* en live par Beyoncé
☐ La troupe de dauphins cracheurs de feu
☐ La reine d'Angleterre et le dalaï-lama en battle hip-hop
☐ La partie de Uno

4 - Selon vous, l'hôte qui vous a accueilli.e pour le dîner mériterait-il le prix Nobel de l'accueil ?

☐ Oui
☐ Oui

5 - À quel point ce dîner était-il mieux que le dîner que vous avez organisé chez vous ?

☐ 10 fois mieux
☐ 100 fois mieux
☐ 1 000 fois mieux
☐ Le chiffre que j'ai en tête est beaucoup trop grand. Auriez-vous une autre feuille ?

Le CV du couteau

Statut : en recherche active d'un poste de couteau dans une cuisine privilégiant les légumes de saison en circuit court.

Adresse principale : dans le tiroir.
Adresse secondaire : dans votre main droite.
Situation maritale : en couple avec une fourchette, nous avons 4 cuillères.

COMPÉTENCES

Couper la viande 

Couper les légumes 

Couper la parole 

FORMATION

Diplômé de HEC : Haute École de Couteaux. Félicitations du jury pour mon mémoire de fin d'études intitulé « Un doigt n'est pas une carotte : approche systémique pour finir entier après avoir cuisiné ».

EXPÉRIENCES PROFESSIONNELLES

· *Plateau - couteau à fromages*

Malgré le fait que je ne correspondais pas du tout au poste, cette expérience a été riche d'enseignements. J'ai notamment appris à aller sur Google pour taper : « C'est moi qui sens comme ça ? » et « Couteau symptômes burn-out ? ».

· *Cirque - couteau de lancer*

Travail en trinôme avec un lanceur de couteaux diplômé et son assistante. Cette expérience aurait pu bien se passer et éviter les prud'hommes si l'artiste n'avait pas souffert d'un grave strabisme divergent.

INFORMATIONS COMPLÉMENTAIRES

Sport : je pratique de façon intensive la natation en lave-vaisselle.

Engagement associatif : j'aime être là pour celleux qui sont dans le besoin, je viens régulièrement en aide aux couteaux en plastique.

Acteur : j'ai joué dans plusieurs séries à succès, vous m'avez notamment vu dans l'abdomen de Jon Snow.

Table des recettes

Index.

Merci à celles et ceux qui ont lu et relu ces pages en nous faisant partager leurs avis précieux.

Merci à Marabout pour son accompagnement sur ce projet.

Merci à tous·tes les passionné·es qui ont imaginé et contribué à l'aventure FoodChéri, à toute l'équipe qui porte nos engagements au quotidien.

Merci à nos client·es qui se sont dit un jour : “Et si on mangeait mieux demain ?”

Et surtout, merci à celui sans qui ce livre n'aurait jamais pu voir le jour : l'inventeur de l'alphabet.

Conceptrice des recettes : Caroline Vignaud
Rédacteurs : Sabrina Fauda-Rôle, Pauline Habert, Matthieu Barrère
Styliste culinaire : Sabrina Fauda-Rôle
Direction artistique : Anne-Laure Varoutsikos
Mise en pages : Olivier Van Bellinghen
Relecture : Natacha Kotchetkova, Mireille Touret

58, rue Jean Bleuzen
92178 Vanves Cedex

Imprimé en Espagne par Estella Graficas en mai 2021
3965276/01
ISBN : 978-2-501-16117-6
Dépôt légal : Juin 2021

PAPIER À BASE DE FIBRES CERTIFIÉES

MARABOUT
s'engage pour l'environnement en réduisant l'empreinte carbone de ses livres.
Celle de cet exemplaire est de :
1 200 g éq. CO_2
Rendez-vous sur www.marabout-durable.fr